T0282946

Aprender a aprender

DRA. BARBARA OAKLEY
y DR. TERRENCE SEJNOWSKI
con ALISTAIR MCCONVILLE

Aprender a aprender

*Cómo tener éxito en la escuela
sin pasarte todo el día estudiando.
Guía para niños y adolescentes*

EDICIONES OBELISCO

Si este libro le ha interesado y desea que le mantengamos informado de nuestras publicaciones, escríbanos indicándonos qué temas son de su interés (Astrología, Autoayuda, Psicología, Artes Marciales, Naturismo, Espiritualidad, Tradición…) y gustosamente le complaceremos.

Puede consultar nuestro catálogo en www.edicionesobelisco.com

Colección Psicología
APRENDER A APRENDER
Dra. Barbara Oakley y Dr. Terrence Sejnowski
con Alistair McConville

Título original: *Learning How to Learn : How to Succeed in School Without Spending All Your Time Studying*

1.ª edición: junio de 2021

Traducción: *Marta de Bru de Sala i Martí*
Maquetación: *Juan Bejarano*
Corrección: *M.ª Ángeles Olivera*
Diseño de cubierta: *TsEdi, Teleservicios Editoriales, S. L.*
Ilustraciones: *Oliver Young*

Edita: Ediciones Obelisco, S. L.
Collita, 23-25. Pol. Ind. Molí de la Bastida
08191 Rubí - Barcelona - España
Tel. 93 309 85 25
E-mail: info@edicionesobelisco.com

ISBN: 978-84-9111-744-5
Depósito Legal: B-7.574-2021

Impreso en Romanyà

Printed in Spain

Nota para padres y profesores

Bienvenidos a nuestro libro. Estáis ayudando a una persona joven a aprender de manera más eficaz, así que ¡estamos en el mismo equipo!

Algunas de las ideas que aparecen en estas páginas ya se han explicado antes en el libro superventas de Barb titulado *Abre tu mente a los números*. A la mayoría de los lectores les pareció que esas ideas eran tan simples y tan útiles a nivel práctico que deberían ser compartidas por un público más joven. Y, además, miles de personas nos dijeron que les habían resultado muy útiles para aprender todo tipo de materias, no solo las matemáticas.

Así pues, este libro está dirigido a preadolescentes y adolescentes, aunque los adultos también encontrarán entre estas páginas un tesoro oculto repleto de ideas nuevas y prácticas. Si logramos comprender cómo funciona el cerebro, aunque sea solo un poco, aprender nos resultará mucho más divertido y menos frustrante.

Este libro se puede utilizar de distintas maneras. Es posible que algunos jóvenes prefieran leerlo por su cuenta. Pueden hablar con sus amigos sobre las ideas clave para que así se consoliden. Puede que algunos jóvenes (¡y algunos adultos!) sientan la tentación de leer este libro por encima, convencidos de que van a sacarle todo el partido si simplemente lo leen de cabo a rabo. ¡No pueden estar más equivocados! Implicarse de manera activa con el libro es crucial, ya que si no completamos los ejercicios, no nos aportarán nada. Lo mejor es leer este libro con una libreta al lado para ir tomando notas, respondiendo preguntas y garabatear conceptos clave. Los jóvenes que leen por encima se beneficiarán más de este libro si un adulto se involucra, les hace preguntas e interactúa con ellos.

Si eres madre, abuelo o cualquier otro familiar, nos gustaría proponerte que el joven en cuestión te lea el libro en voz alta. Por lo general, leer alrededor de media hora seguida es tiempo suficiente. (Pero si se trata de niños más pequeños, pueden leer menos). Leer en voz alta puede ser una aventura divertida en la que podréis aprender todos juntos en familia.

Si eres profesor, podrías leer el libro en voz alta con tus estudiantes. O bien reservar algunos momentos para que cada uno lea en silencio y, a continuación, discutir las páginas leídas. Advertirás que este libro os puede proporcionar un léxico compartido que te ayudará a enseñarles otras materias.

Cuanto más joven seas cuando aprendas a aprender, mejor, ya que así podrás utilizar estas herramientas durante muchos más años. Además, te abrirán las puertas a las nuevas carreras profesionales que aparecen una y otra vez debido a los cambios de nuestra sociedad.

Gracias por unirte a nosotros en esta aventura para aprender. ¡Vamos allá!

—*Barb Oakley, Terry Sejnowski y Al McConville*

Capítulo 1

El problema de la pasión

Hola, me llamo Barb. ¡Encantada de conocerte!

Tengo un secreto. A veces, de pequeña, era una estudiante horrible. Es cierto que cuando me gustaba una asignatura no tenía ningún problema. Pero si no me agradaba, no había manera.

Todo el mundo me decía que tenía que seguir mi pasión. Supuse que eso quería decir: «Haz lo que te gusta, no lo que no te gusta». Y me pareció un buen consejo. Odiaba con toda mi alma las matemáticas y la ciencia, por lo que evité esas asignaturas como si fueran la peste. Y cuando no tenía más remedio que asistir a esas clases, sacaba muy malas notas o directamente suspendía.

En la actualidad soy profesora de ingeniería. ¡Sorpresa! Es imprescindible que los ingenieros tengan un amplio conocimiento en matemáticas y ciencia. Ahora soy muy buena en matemáticas y ciencia, y, además, me encantan. ¿Que cómo lo he conseguido? Descubrí los secretos de aprender bien.

Ésta es una foto mía, Barb Oakley. Descubrí que era capaz de aprender mucho más de lo que nunca hubiera imaginado.

En este libro explicaré cómo puedes convertirte en un buen estudiante. Lo he escrito pensando en los preadolescentes y adolescentes, pero las lecciones que contiene pueden aplicarse a todo el mundo. Y sirven para aprender cualquier cosa. Tanto si te interesa el fútbol como las matemáticas, bailar, aprender química, montar en monociclo, aprender otro idioma, mejorar en los videojuegos o comprender la física de por qué botan las pelotas, éste es el libro indicado para ti.

El cerebro es maravilloso. Es el artilugio más sofisticado de todo el universo. Va modificando su estructura dependiendo de cómo lo utilices.

En general, casi todo el mundo puede ser bueno en cualquier cosa si sabe cómo aprender. Tu cerebro es más poderoso de lo que te imaginas, sólo tienes que aprender a activar ese poder. Existen trucos sencillos para poder mejorar tu proceso de aprendizaje, tanto si ya eres un buen estudiante como si no. Estos trucos también pueden hacer que aprender te resulte más divertido. (Por ejemplo, a lo largo de este libro vas a conocer a unos cuantos zombis, pero no te preocupes, ¡casi todos son amistosos y quieren ayudarte a aprender!).

He escrito este libro junto con el catedrático Terry Sejnowski. Terry sabe mucho sobre la ciencia del cerebro, es decir, sobre neurociencia.[1] Terry es un experto del proceso de aprendizaje. Trabaja con otros neurocientíficos que nos están ayudando a aprender mejor. También hay profesores de otras disciplinas, como, por ejemplo, psicología[2] y educación, que están descubriendo mucho sobre el proceso de aprendizaje.

Éste es mi coautor, Terrence Sejnowski. Es experto en el cerebro.

1. Quizás te estés preguntando qué hace este 1 en voladillo al final de la frase. El número indica que hay una nota a pie de página. Esto significa que deberías mirar al final de la página para obtener más información sobre lo que se esté explicando en esta página en cuestión. (¡Como ya estás haciendo!). Normalmente, las notas a pie de página contienen información interesante que se desvía un poco del tema principal o que sólo resulta útil para unos pocos lectores. No es obligatorio leer las notas a pie de página a no ser que tengas curiosidad y quieras obtener un poco más de información.

   En todo caso, esta nota a pie de página es por si no sabes cómo pronunciar la palabra «neurociencia»; es «neu-ro-CIEN-cia». *(N. de los A.)*

2. La psicología (pronunciado «si-co-lo-GÍ-a») es la ciencia que estudia por qué pensamos y nos comportamos tal y como lo hacemos. Algunos bromistas dicen que la psicología es una ciencia que sólo te dice lo que ya sabes pero con palabras que no entiendes. Es cierto que la psicología utiliza términos complicados para hablar de ideas importantes, pero intentaremos traducírtelas en este libro. *(N. de los A.)*

Terry y yo queremos compartir contigo todas las lecciones que podemos extraer de todas estas disciplinas. Queremos ayudarte a mejorar tu habilidad a la hora de aprender. Las lecciones basadas en ciencia que encontrarás en este libro provienen de Terry y de mí. Alistair McConville también tiene un papel muy importante dentro de nuestro equipo de autores. Tiene muchos años de experiencia impartiendo clases a personas jóvenes, por lo que nos ha ayudado a escribir de una manera menos formal y más fácil de entender.

Éste es nuestro otro coautor, Alistair McConville. ¡Al lleva años trabajando con adolescentes!

Terry y yo estamos del todo convencidos de que puedes mejorar tu capacidad para aprender. ¿Que por qué estamos tan seguros? Pues porque impartimos el mayor curso en línea masivo y abierto (CEMA) del mundo. Se llama *Aprendiendo a aprender*, y ya lo han realizado millones de alumnos. Gracias a este curso, hemos visto cómo todo tipo de personas ha mejorado enormemente su capacidad para aprender. Pero no nos sorprendió ver que el curso era muy útil, ya que lo creamos a partir de todo el conocimiento que pudimos extraer de las investigaciones sobre el proceso de aprendizaje. ¡Por eso sabemos que funciona!

Incluso los buenos estudiantes pueden mejorar su capacidad de aprendizaje. Y también aquellos estudiantes que no sean tan buenos. Las técnicas y lecciones que vamos a enseñarte no harán que aprender te resulte muy sencillo. Pero te ayudarán a tener más tiempo libre para poder dedicarlo a todo lo que te gusta, ya sea a jugar con videojuegos o al fútbol, ver vídeos en YouTube, o simplemente quedar con tus amigos. De hecho, ¡puedes utilizar todas estas ideas para mejorar tu capacidad para jugar a fútbol y con videojuegos!

Aprender a aprender hará que tus años en la escuela sean más divertidos y menos frustrantes. Te proporcionaremos poderosas herramientas que te servirán para mejorar tu memoria, para terminar más deprisa tu trabajo y para ayudar a convertirte en un experto en la materia que elijas. Descubrirás conceptos fantásticos y estimulantes. Por ejemplo, si tienes dificultades y eres un poco lento aprendiendo, en realidad significa que tienes ventajas especiales a la hora de ser creativo.

Sin embargo, aprender a aprender te aportará muchísimo más. Te abrirá nuevos horizontes para tu futuro. El mundo laboral del futuro necesitará a personas creativas con una gran variedad de talentos. ¡Estamos aquí para ayudarte a desarrollar los numerosos talentos y la creatividad que tienes dentro!

Si quieres, ¡sáltate unas páginas!

Si quieres pasar directamente a los consejos sobre cómo aprender mejor, pasa a la sección «¡Ahora te toca a ti!», que encontrarás al final de este capítulo. Pero si deseas saber más sobre el pasado de Barb y sobre cómo cambió su cerebro para aprender mejor, sigue leyendo. (Viajarás con ella hasta el polo Sur, en la Antártida).

Más adelante, tendrás la oportunidad de leer sobre el pasado de Terry y Al, y ver lo diferentes que somos todos nosotros.

Cómo cambié mi cerebro

Cuando era pequeña, me encantaban los animales y las manualidades, pero no los números. Los odiaba. Por ejemplo, los relojes antiguos me desconcertaban. ¿Por qué la manecilla de las horas era más pequeña que la de los minutos? ¿Acaso no eran las horas más importantes que los minutos? Pero entonces, ¿por qué la manecilla de las horas no era más grande? ¿Por qué los relojes eran tan desconcertantes?

Una foto mía con diez años con Earl el cordero. Me encantaban los bichos, leer y soñar. Las matemáticas y la ciencia no eran lo mío.

Tampoco me llevaba bien con la tecnología. Era incapaz de comprender todos los botones de la televisión (por aquel entonces no teníamos mandos a distancia). Por eso, sólo veía la televisión cuando mi hermano o mi hermana se ocupaban de la parte técnica del proceso. Dada la situación, no tenía muchas esperanzas en las asignaturas de matemáticas y ciencias.

Además, un golpe de mala suerte hizo que las cosas empeoran en casa. Cuando tenía trece años, mi padre perdió su trabajo por culpa de una lesión de espalda y tuvimos que mudarnos. En realidad, de pequeña me trasladé de residencia muchas veces. Cuando cumplí quince años ya había vivido en diez sitios distintos. Y cada vez que empezaba en una nueva escuela, me había perdido una parte de la clase de matemáticas. Me sentía perdida. Era como abrir un libro y descubrir que todos los capítulos están desordenados. Para mí las matemáticas no tenían ningún sentido.

Perdí todo interés por las matemáticas. Casi me enorgullecía de que se me dieran fatal. Simplemente así era yo. Para mí, los números y las ecuaciones eran como enfermedades mortales que tenía que evitar a toda costa.

Tampoco me gustaba la ciencia. En mi primer experimento en clase de química, el profesor nos dio a mi compañero y a mí una sustancia distinta que a los demás alumnos de la clase. Se rio de nosotros cuando intentamos hacer que nuestro experimento saliera como el de los demás.

Por suerte, había otras asignaturas que se me daban mejor. Me gustaba historia, sociales y cualquier otra asignatura relacionada con la cultura. Las notas que saqué en aquellas asignaturas me ayudaron a aprobar secundaria.

Dado que no se me daban bien los números, decidí aprender un idioma extranjero. Había crecido en un entorno en el que la gente de mí alrededor sólo hablaba inglés. Me parecía muy exótico poder hablar dos idiomas. Pero no podía permitirme ir a la universidad. ¿Qué podía hacer?

Entonces descubrí que el ejército me pagaría por aprender un nuevo idioma. Así que justo al terminar secundaria me alisté en el ejército para aprender ruso. ¿Y por qué ruso? Por ningún motivo en particular. Simplemente me pareció interesante.

Estudié en el Instituto de idiomas del Departamento de Defensa en California. Allí conocían las mejores técnicas para enseñar un idioma. Aprender un nuevo idioma no me resultó especialmente fácil. No tenía muy buena memoria, por lo que tuve que practicar mucho. Pero con el tiempo fui mejorando.

Terminé haciéndolo tan bien que me dieron una beca (dinero gratis para estudiar) para ir a una universidad normal. Allí seguí estudiando ruso. ¡Estaba tan contenta! Había seguido mi pasión por aprender un nuevo idioma y estaba dando sus frutos.

Salvo que...

Llega la catástrofe

En el ejército me nombraron oficial de un grupo llamado Cuerpo de Transmisiones. Aquello significaba que tendría que trabajar con mi vieja enemiga, la tecnología. Radios, cables y teléfonos... Pasé de ser una experta en idiomas a volver a sentirme igual que en clase de química de secundaria. Estaba perdida.

Luego me mandaron a Alemania para dirigir a un grupo de cincuenta soldados especializados en comunicaciones. Más tecnología. Resulté ser horrible en mi trabajo. Si yo misma era incapaz de montar el equipo de comunicaciones, ¿cómo podía enseñar a los soldados a hacerlo?

Vi que los oficiales que trabajaban a mí alrededor con sus propios grupos se las arreglaban muy bien. Todos eran ingenieros, por lo que se sentían a gusto con la tecnología, las matemáticas y la ciencia.

A los veintiséis años dejé el ejército. Casi nadie estaba interesado en contratarme. Mis capacidades lingüísticas eran geniales, pero no tenía ninguna otra habilidad que pudiera ayudarme a conseguir un trabajo. Me di cuenta de que si sólo seguía mi pasión, no tendría muchas opciones.

Los idiomas y la cultura siempre van a ser importantes. Pero, hoy en día, la ciencia, las matemáticas y la tecnología también lo son. ¡Quería tener acceso a las nuevas y emocionantes oportunidades que estas disciplinas ofrecían! Pero para poder hacerlo, tendría que volver a entrenar mi cerebro para aprender matemáticas y ciencias. Pero ¿acaso era posible que alguien como yo pudiera lograrlo?

Decidí intentarlo.

Reconstruir mi carrera

Volví a la universidad para estudiar ingeniería. Empecé por el nivel de matemáticas más bajo que ofrecían, una clase de álgebra para gente que había suspendido aquella asignatura en el instituto.

Al principio me sentí como si llevara una venda en los ojos. Había otros estudiantes capaces de encontrar fácilmente una solución a los ejercicios mientras que yo no era del todo incapaz. Durante aquellos primeros meses, me pregunté si había tomado la decisión correcta.

Si hubiera sabido entonces todo lo que sé ahora, me hubiera resultado todo mucho más sencillo. Y de esto trata este libro. Queremos compartir contigo las mejores herramientas mentales de aprendizaje para que no tengas tantos problemas como tuve yo.

Tras unos cuantos años en la universidad, mis oportunidades laborales mejoraron. Además, seguía utilizando mis habilidades lingüísticas. Por ejemplo, trabajé como traductora en un barco pesquero ruso. Pero también empecé a usar mis nuevas habilidades técnicas. Incluso acabé trabajando de operadora de radio en la base del polo Sur.

Por cierto, fue en aquella base donde conocí a mi marido Phil. Aquí lo tienes tras haber estado diez minutos a veintiún grados bajo cero con un viento feroz. ¡Tuve que ir hasta el fin del mundo para conocer a este hombre! Si no hubiera aprendido a aprender matemáticas y ciencias, nunca lo hubiera conocido. Llevamos casados casi treinta y cinco años. (Más adelante conocerás a una de nuestras hijas).

Mi marido, Phil Oakley, en la Antártida tras haber estado diez minutos en el exterior a -21 °C. ¡Es mi héroe!

Con el tiempo, terminé la carrera de ingeniería eléctrica. Después de trabajar durante cuatro años como ingeniera, volví a la universidad para sacarme un máster en ingeniería eléctrica e informática. Luego, tras estudiar durante varios años, obtuve una titulación llamada «doctorado» en ingeniería de sistemas. Es por eso por lo que a veces la gente me llama «Doctora» Oakley. (Pero prefiero que me llamen simplemente Barb). Me convertí en experta en ecuaciones matemáticas complejas y conceptos científicos. Y todo esto viniendo de la niña que no sabía cambiar el canal de la televisión.

Tuve que reconfigurar mi cerebro para poder superar mis puntos débiles.

Puesto que soy profesora, me interesa mucho saber cómo aprenden las personas. Así es como conocí a mi coautor, Terry Sejnowski. Hablamos mucho sobre cómo aprenden las personas. Y así es como conocimos a nuestro otro coautor, Alistair (Al) McConville. Al aprendió a aprender de una manera muy inusual.

Queremos compartir todo lo que sabemos sobre cómo lograr que tu cerebro aprenda mejor. Son unas técnicas muy simples. Muchos adultos prodigiosos nos han confesado que les hubiera gustado tener estas herramientas tan fáciles de comprender cuando eran más pequeños, ya que así les hubiera resultado mucho más fácil aprender. Incluso es posible que hubieran cambiado el rumbo de sus estudios. No eran conscientes del potencial que llevaban dentro.

Tienes un don especial para aprender. Si consigues despertarlo mientras todavía eres joven, disfrutarás de sus efectos durante el resto de tu vida.

Es fácil creer que sólo deberías concentrarte en las asignaturas que te resulten más sencillas. Pero mi propia historia demuestra que puedes sacar buenas notas en asignaturas que ni siquiera te gustan. En realidad, seguir tu pasión no tiene nada de malo. Pero también he descubierto que ampliar mis pasiones me abrió un gran número de oportunidades maravillosas. ¡Aprender sobre nuevas materias que no creía poder aprender resultó ser toda una aventura!

A la gente le cuesta creer que puede llegar a ser buena aprendiendo si tiene problemas con una asignatura. Pero la neurociencia (es decir, la ciencia del cerebro) ha demostrado que esto no es verdad. Tu cerebro es como una maravillosa caja de herramientas. Lo que tienes que saber es cuándo y cómo utilizarlas. Al fin y al cabo, no emplearías un martillo para hacer girar un tornillo.

Sea como sea, ya hemos hablado suficiente sobre mi pasado y sobre cómo Terry, Al y yo escribimos este libro. En el próximo capítulo, te enseñaré lo que ocurre cuando aprender se convierte en una tarea frustrante. Pero hay un truco muy sencillo para hacer que tu proceso de aprendizaje sea más sencillo y satisfactorio.

¡Ahora te toca a ti! ¡Date un paseo por las imágenes!

Antes me leía los libros de texto página por página. Intentaba asegurarme de que comprendía todas las ideas antes de pasar página. Parece lógico, ¿no?

¡No lo hagas! Es un grave error.

En su lugar, cada vez que empieces un nuevo capítulo, date un paseo por las imágenes.[3] Échale un vistazo. Observa brevemente todas las ilustraciones, pies de foto y diagramas, pero también los títulos, las palabras en negrita y el resumen de cada sección, incluso las preguntas al final de cada capítulo, si es que las hay.

Es importante que te des un paseo por las imágenes de los libros de texto para ver las ilustraciones y los títulos de cada sección antes de empezar a leerlo.

Puede que te parezca una locura. ¡Si todavía ni siquiera has leído el capítulo completo! Pero le estás dando a tu cerebro una idea de lo que va a leer. Es como ver el tráiler de una película o mirar un mapa antes de empezar un viaje. Te sorprenderás de lo mucho que te va a ayudar a organizar tus ideas pasar uno o dos minutos echando una ojeada al capítulo antes de leerlo con detenimiento. Esta técnica también funciona si lees en un dispositivo electrónico. Simplemente marca el inicio del capítulo para después poder volver a encontrarlo con facilidad.

Es como si estuvieras ordenando un pequeño armario. Ojear las ilustraciones te proporciona «perchas» en las que ir organizando la información que estás leyendo. Sin las perchas, la ropa simplemente caería al suelo en desorden.

---

3. También hay una técnica llamada «pasearse por el texto». *(N. de los A.)*

¡Importante! Busca una libreta o una hoja de papel para ir tomando notas, respondiendo preguntas y garabateando conceptos clave a medida que vayas leyendo el siguiente capítulo. Esto te ayudará a no distraerte de tu lectura y a cimentar nuevas ideas en tu cerebro. Y, por supuesto, antes de empezar a leer el siguiente capítulo, asegúrate de dar un paseo por las imágenes. E intenta responder algunas de las preguntas al final del capítulo para hacerte una idea de lo que estás intentando aprender.

Si logras convertir todo esto en un hábito y lo aplicas en cada capítulo, ¡las ideas de este libro te ayudarán todavía más!

Capítulo 2

Tómatelo con calma

A veces, esforzarte demasiado puede ser parte del problema

¿Alguna vez tu profesor, tu madre o tu padre te han dicho que prestes atención? ¿O que te concentres? ¡Es probable que incluso te lo hayas dicho tú mismo! Y es que es muy fácil distraerse. A veces, lo que ocurre al otro lado de la ventana nos parece más interesante que lo que tenemos delante de nuestras narices. Es inevitable pensar que estamos a punto de ver a nuestros amigos o de ir a comer.

Distraerse es siempre malo, ¿no?

Quizás no. Vamos a analizarlo más detenidamente.

Echa un vistazo a la partida de ajedrez que verás en la fotografía siguiente. Observa al chico de la izquierda. Está jugando contra el hombre de la derecha. El chico está siendo muy mal educado, ¿verdad? Típico de un chico de trece años. Los jóvenes no saben concentrarse. (¿Alguna vez has oído a un adulto decir algo parecido? Suelen echarle la culpa a los teléfonos inteligentes).

Pero sorprendentemente, Kasparov no ganó aquella partida de ajedrez. Acabó en un empate. El mejor campeón del mundo no fue capaz de vencer a un chico de trece años que, en apariencia, estaba totalmente distraído.

¡Sorpresa! A veces tenemos que perder la concentración para pensar con más claridad. Desconectar en ocasiones (no siempre) puede resultarte muy útil si estás aprendiendo o solucionando un ejercicio.

Magnus Carlsen (a la izquierda), de trece años, y el legendario genio del ajedrez Garry Kasparov jugando una partida de ajedrez rápido en el Reykjavik Rapid de 2004. Kasparov quedó sorprendido de que Magnus se alejara del tablero y comenzara a mirar otras partidas. Garry Kasparov es uno de los mejores jugadores de ajedrez de todos los tiempos. Magnus no estaba concentrado, por lo que tenía pocas posibilidades de ganar, ¿no?

Poco después de que hicieran aquella fotografía, Magnus volvió a sentarse ante el tablero y se concentró de nuevo en la partida. Se había tomado un pequeño descanso para poder concentrarse mejor.

El mensaje principal de este capítulo es que a veces necesitamos estar menos concentrados para poder aprender mejor. Pero ¿cómo es eso posible?

¡Tienes dos maneras de pensar!

En el último capítulo mencioné la palabra neurociencia, la ciencia que estudia el cerebro. Los neurocientíficos utilizan una tecnología puntera para escanear el cerebro y poder observarlo por dentro para comprenderlo mejor.

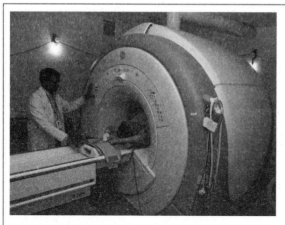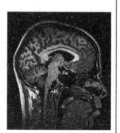

En la fotografía de la izquierda, puedes ver a un técnico del escáner cerebral mirando por el escáner. La gente se tumba en una cama especial que se desliza hacia dentro del escáner. Entonces, el escáner toma una fotografía del interior del cerebro, como la que ves en la imagen de la derecha. ¡Es genial!

Los neurocientíficos han descubierto que el cerebro funciona de dos maneras diferentes. A estos dos modos de funcionar los llamaremos «modo centrado» y «modo disperso».[1] Ambos son importantes para ayudarte a aprender.

Modo centrado

Cuando utilizas el modo centrado, significa que estás prestando atención. Por ejemplo, puede que estés intentando solucionar un problema de matemáticas. O que estés mirando y escuchando a tu profesor. Te centras cuando juegas a videojuegos, haces un puzle o estás aprendiendo palabras en un idioma diferente.

---

1. «Disperso» se pronuncia «dis-PER-so». Fíjate que «centrado» termina en «-ado», pero «disperso» no. Significa «esparcir lo que estaba unido». *(N. de los A.)*

Cuando te centras, pones en funcionamiento unas partes específicas de tu cerebro. Según lo que estés haciendo, pones en marcha unas u otras partes de tu cerebro. Por ejemplo, si estás haciendo multiplicaciones, cuando te centres, usarás una parte distinta del cerebro que cuando estés hablando.[2] **Cuando intentes aprender algo nuevo, primero tienes que centrarte atentamente en esto para poder encender estas partes del cerebro y empezar con el proceso de aprendizaje.**

2. ¡Felicidades por prestar atención a esta nota que hemos puesto para proporcionarte más información sobre el modo centrado. Los psicólogos cognitivos llaman «red neuronal orientada a tareas» a las pequeñas redes del modo centrado. Dos científicos llamados Xin Di y Bharat B. Bisal publicaron un artículo sobre este concepto en 2014. Para hacer referencia a este artículo de manera más breve, voy a decir «Di y Biswal, 2014». Puedes encontrar toda la información completa del artículo en la lista de referencias.

El concepto al que nosotros nos referimos como «modo disperso» en este libro los neurocientíficos lo ven de varias maneras distintas. A veces, los investigadores creen que este modo consiste en muchos estados de reposo neuronales (Moussa *et al.*, 2012). En otras ocasiones, piensan en este modo como si fuera una forma diferente alternativa de la «red neuronal por defecto». Lee el artículo escrito por Kalina Christoff y sus coautores mencionados en la sección de referencias para un buen análisis de las diferentes partes que usamos del cerebro cuando está relajado (Christoff *et al.*, 2016). (Fíjate en que se usa la expresión «*et al.*» para hacer referencia a todos los demás autores). Advertencia: el artículo de Christoff, al igual que la mayoría de los artículos que recomendamos al final del texto, es muy avanzado.

Cuando estás en modo centrado, significa que estás prestando más atención.

Modo disperso

Si el modo centrado consiste en esto, ¿qué es entonces el modo disperso?

El modo disperso es cuando tu mente está relajada y libre. No piensas en nada en particular. Estás en modo disperso cuando sueñas despierto o dibujas por diversión. Si tu profesor te pide que te concentres, probablemente estés en modo disperso.

Cuando estás en modo disperso, no piensas en nada en particular.

Cuando estás en modo disperso, utilizas unas áreas de tu cerebro que por lo general son diferentes a las áreas que empleas cuando estás centrado. El modo disperso te ayuda a conectar ideas de forma imaginativa. La creatividad suele aparecer cuando estamos en modo disperso.

Tu cerebro tiene que ir alternando entre el modo centrado y el disperso para poder aprender con eficacia.

Vamos a jugar al *pinball*

Para entender mejor el modo centrado y disperso, vamos a imaginarnos una máquina de *pinball*. Es un juego muy fácil de jugar, sólo tienes que tirar de un resorte. Cuando lo sueltas, éste impulsa una bola hacia el tablero. Se van sumando puntos a medida que la pelota rebota en unos topes de goma. Y, entre tanto, se encienden luces parpadeantes y sonidos estridentes. Las paletas de la parte inferior del tablero sirven para golpear la pelota y que siga rebotando durante el máximo tiempo posible.

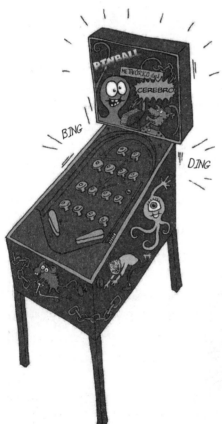

Los tableros de *pinball* se parecen un poco a tu cerebro. Los topes de goma pueden estar más juntos o más alejados según el tablero. Cuando los topes están muy juntos, es como si tu cerebro estuviera más centrado. La pelota rebota rápidamente por un área pequeña antes de quedarse sin energía y caer.

Una máquina de *pinball*. Existen videojuegos basados en este juego. A día de hoy, ¡todavía sigue siendo un juego divertido!

Imagina que tu bola de pensamientos dejara marcado el camino que ha recorrido. Pues algo parecido ocurre cuando estás en modo centrado, es como si dejaras caminos señalados en tu cerebro cuando te centras. Estos caminos quedan marcados cuando aprendes algo y empiezas a practicarlo. Por ejemplo, pongamos que sabes multiplicar. Si te pidiera que resolvieras un ejercicio de multiplicaciones, tus pensamientos irían por el camino marcado de las multiplicaciones que ya tendrías dentro del cerebro. Para entender mejor a lo que me refiero, observa los dibujos siguientes:

Centrado   Disperso

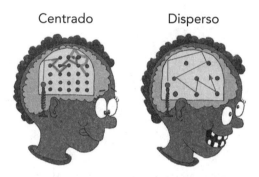

A la izquierda verás la versión en *pinball* de un cerebro en modo centrado. ¿Ves lo juntos que están los topes de goma? La bola se mueve dentro de un patrón muy estrecho. ¡Tus pensamientos no pueden ir muy lejos! La pelota seguirá un patrón difuso que ya habías marcado previamente al haber pensado antes en la misma información. A la derecha hay la versión de *pinball* de un cerebro en modo disperso. ¡Observa lo mucho que tus pensamientos pueden deambular por tu cerebro!

El modo disperso es diferente. En este modo, los topes del tablero están mucho más separados. La pelota de tus pensamientos puede desplazarse de una manera más amplia por todo el tablero y chocar con menos topes.

Nuestros cerebros pueden actuar como ambos tipos de tableros de *pinball*. Si queremos alternar entre pensar en los detalles y pensar libremente en la visión más general, tenemos que alternar entre el modo centrado y el modo disperso. Necesitas los dos tableros. (Pero es importante recordar que nuestro cerebro no puede estar en los dos modos al mismo tiempo. ¡El zombi no puede jugar con dos máquinas a la vez!).

Aquí tienes una divertida manera de ver la diferencia entre estos dos modos:

Modo centrado – ¡No pierdas de vista el objetivo!

Modo disperso – ¡No pierdas de vista las moscas![3]

Alternar entre el modo centrado y el modo disperso

Si alternar entre ambos modos es tan importante, ¿cómo podemos hacerlo?

Bueno, si lo que queremos es centrarnos, es muy fácil. Tan pronto como nos obligamos a centrar nuestra atención en algo, activamos el modo centrado. La pelota de tus pensamientos empieza a dar vueltas con celeridad por todo el tablero. Por desgracia, es muy difícil mantener nuestra atención en algo durante largos períodos de tiempo. Es por eso que a veces podemos caer en el modo disperso y empezar a soñar despiertos. Tal y como puedes ver en la imagen siguiente, en cuanto sueltas las paletas, la pelota de tus pensamientos cae al tablero del modo disperso, que está situado justo debajo del tablero del modo centrado.

---

3. Un agradecimiento especial a Joanna Łukasiak-Hołysz.

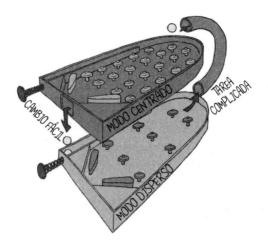

Tu mente se quedará en modo centrado siempre y cuando sigas moviendo las paletas. Pero en cuando las sueltes, ¡tu mente se liberará! La pelota caerá debajo, al tablero de modo disperso.

El modo disperso es cuando no nos centramos en nada en particular. Puedes entrar en modo disperso sencillamente soltándote y no concentrándote en nada. Dar un paseo puede ayudarte a conseguirlo. O mirar por la ventana mientras vas en autobús. O darte una ducha. O quedarte dormido. (Muchas personas famosas han tenido grandes revelaciones al rememorar los eventos de su día en sueños[4]).

Centrarnos en otra cosa puede ayudarnos a entrar en modo disperso respecto a lo que estábamos haciendo, ya que dejamos de centrarnos precisamente en aquella tarea. Cuando estamos centrados en acariciar a nuestro perro, no nos estamos centrando en el ejercicio de matemáticas. Cuando estamos centrados en la partida de ajedrez de otra persona, no estamos centrados en nuestra propia partida de ajedrez. Por eso, cuando te quedes encallado en un ejercicio de matemáticas, deberías probar a centrarte en estudiar geografía durante un rato. Y así, podrás seguir avanzando cuando vuelvas a centrarte en las matemáticas. Pero parece ser que la mejor

---

4. www.famousscientists.org/7-great-examples-of-scientific-discoveries-made-in-dreams/

manera de dar al modo disperso la posibilidad de resolver un ejercicio difícil es a través de actividades como, por ejemplo, dormir, hacer ejercicio, o salir a dar una vuelta en algún tipo de vehículo.

Para los niños con TDAH[5] es como si su tablero centrado tuviera unos cuantos agujeros de más. Pero estos agujeros tienen una ventaja oculta: ¡incrementan la creatividad! Si tienes TDAH, al tener agujeros de más, tendrás que mover tus paletas más a menudo que el resto de niños para mantener la pelota de tus pensamientos en el tablero centrado.

¿Y cómo puedes mover más tus paletas? Participando tanto como puedas, por ejemplo, haciendo preguntas, escribiendo en la pizarra, repartiendo hojas a tus compañeros y trabajando con ellos cada vez que tengáis que hacer un ejercicio juntos.

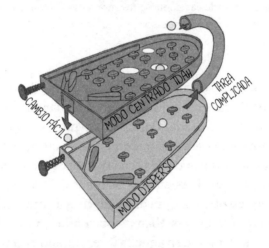

Los niños que tienen problemas para prestar atención es como si tuvieran unos cuantos agujeros de más en su tablero del modo centrado. Esto significa que van a tener que mover más sus paletas mentales para volver a enviar la pelota al tablero del modo centrado cada vez que caiga, pero también quiere decir que son mucho más creativos por naturaleza. ¡No es un mal trato!

---

5. «TDAH» significa «Trastorno por Déficit de Atención e Hiperactividad». En líneas generales, significa que una persona tiene problemas para prestar atención y controlar sus impulsos. En cierta medida, esto les ocurre a todos los niños, pero en las personas con TDAH es más frecuente de lo normal. *(N. de los A.)*

Quedarse atascado

Hay dos motivos por los que puedes quedarte atascado cuando intentas resolver un ejercicio de matemáticas o ciencias. O cuando tratas de aprender algo nuevo, como, por ejemplo, tocar un acorde con la guitarra o hacer una jugada concreta de fútbol. El primer motivo por el que puedes quedarte atascado es por no haber en-

---

6. Simplemente mueve las monedas como se muestra en el dibujo de la página 235. ¿Ves que el nuevo triángulo apunta hacia abajo?

tendido la explicación inicial. Por desgracia, con este tipo de atasco, pasar al modo disperso no va a servirte de mucho, ya que no habrás introducido nada en tu modo centrado. En estos casos, tu mejor apuesta sería retroceder y mirar los ejemplos y las explicaciones en tus notas o en el libro. O pedirle al profesor que vuelva a explicártelo. O mirar un vídeo en YouTube para obtener más información. (Pero no te distraigas con otros vídeos).

Pero hay un segundo motivo por el que puedes quedarte atascado aunque hayas estudiado o te hayas centrado, es decir, aunque hayas introducido la explicación en tu modo centrado. Empiezas a intentar solucionar el ejercicio, tocar el acorde o hacer la jugada, pero te quedas atascado. Vas frustrándote cada vez más. ¿Por qué no te sale?

Es fácil acabar frustrado con los estudios.

¡El motivo por el cual te quedas atascado es porque no le has dado al modo disperso de tu cerebro la oportunidad de ayudarte! El modo disperso no puede activarse a no ser que dejes de prestar atención a aquello en lo que te estás centrando. Al igual que Magnus Carlsen, el jugador de ajedrez en la fotografía que había unas páginas atrás, a veces necesitas tomarte un descanso para convencer al modo disperso del cerebro para que venga a rescatarte. Aleja tu mente de lo que estabas pensando durante un rato. Eso te abrirá el acceso al modo disperso del cerebro.

También puedes intentar centrarte en algo diferente. Por ejemplo, si estabas estudiando álgebra, comienza a estudiar geografía.

Pero ten en cuenta que tu cerebro también necesita descansar de vez en cuando.

Si hay alguna asignatura con la que tiendes a quedarte encallado, empieza por ésta cuando comiences a estudiar. Así podrás ir alternando con las tareas de otras asignaturas durante toda la tarde si te encallas en algún momento. No te dejes la asignatura más difícil para el final, ya que es el momento en que estarás más cansado y no te quedará tiempo para utilizar el modo disperso.

Cuando estás en modo disperso, tu cerebro sigue trabajando en el problema en silencio, en un segundo plano, a pesar de que a menudo no te des ni cuenta. La pelota de tus pensamientos comienza a dar vueltas por tu tablero de modo disperso y puede que choque con las ideas que necesitas para resolver el ejercicio.

Cuando decidas tomarte un descanso, ¿cuánto tiempo debería durar? Esto depende de ti y de la cantidad de trabajo que tengas ese día. Una buena medida sería una pausa de entre cinco y diez minutos. Intenta no hacer pausas muy largas. ¡Es mejor acabar cuanto antes para poder tener la noche libre para relajarte!

Consejo importante para aprender: no saques conclusiones precipitadas sobre si las nuevas estrategias de aprendizaje funcionan o no

No pruebes solamente una vez eso de alternar entre el modo centrado y el disperso mientras estudias antes de decidir que contigo no funciona. A veces tienes que alternar varias veces entre el modo centrado y el disperso para lograr solucionar algo. Además, tienes que centrarte lo suficiente para entender todo el material antes de tomarte un descanso.

¿Durante cuánto tiempo deberías centrarte? A grandes rasgos, si estás atascado durante por lo menos diez o quince minutos (o entre tres y cinco si eres más joven), puede que sea el momento de tomarte un descanso. Cuando te tomes un descanso, tienes que asegurarte de que dura lo suficiente como para que tu mente desconecte por completo del material.[7] Vale la pena hacer un esfuerzo y experimentar con el proceso.

---

7. El tiempo que tardes depende de muchos factores. Por ejemplo, pongamos que de repente tienes que levantarte y realizar una presentación de

> Alternar entre el modo centrado y el disperso te ayudará a dominar prácticamente cualquier materia, ya sea geometría, álgebra, psicología, baloncesto, guitarra, química o cualquier otra asignatura o pasatiempo que estés interesado en aprender.

Utiliza estas herramientas de modo disperso para recompensarte después de haber estado trabajando en modo centrado

Activadores generales del modo disperso

→ Practicar algún deporte, como, por ejemplo, fútbol o baloncesto.
→ Correr, caminar o nadar.
→ Bailar.
→ Ir de pasajero en un automóvil o autobús.
→ Montar en bicicleta.
→ Dibujar o pintar.
→ Darse un baño o una ducha.
→ Escuchar música, sobre todo si no tiene letra.
→ Tocar canciones que conozcas bien con algún instrumento musical.
→ Meditar o rezar.
→ Dormir (¡es el activador del modo disperso por excelencia!).

---

diez minutos frente a un grupo de personas. (¡Sorpresa!). La emoción y la repentina concentración total que necesitarías para dar la charla podría hacer que tu mente desconectara por completo de lo que estuvieras haciendo antes. Cuando regresaras a esa tarea inicial, incluso aunque sólo la hubieras abandonado durante diez o quince minutos, es posible que mirases lo que estuvieras haciendo con una nueva perspectiva. Pero, a veces, incluso varias horas no son suficientes para aclarar tu mente. En este caso, una buena noche de descanso puede hacer maravillas. *(N. de los A.)*

También puedes utilizar brevemente los siguientes activadores del modo disperso para recompensarte. Con estas actividades, podrás entrar más fácilmente en el modo centrado que con las anteriores. No sería mala idea poner en marcha un cronómetro cuando las hagas, ya que, de lo contrario, podrían mantenerte ocupado durante mucho tiempo.

→ Jugar a videojuegos.
→ Hablar con amigos.
→ Ayudar a alguien con una tarea fácil.
→ Leer un libro.
→ Mandar un mensaje a un amigo.
→ Ir a ver una película (¡si tienes tiempo!).
→ Ver la televisión.

EN RESUMEN

Modo centrado y disperso: nuestros cerebros operan en dos modos: centrado y disperso. Puedes imaginarlos como si fueran tableros de *pinball* con topes muy juntos o muy diseminados. Para poder aprender bien, debemos ir alternando entre ambos modos.

Alternar entre modos: para pasar al modo centrado tienes que centrarte. ¡Mueve las paletas de la máquina de *pinball*! Y para pasar al modo disperso, sólo tienes que dejarlas y esperar a que la pelota caiga por sí sola al tablero de debajo. Dormir, darse un baño, ir en autobús, o simplemente dar una vuelta, son buenas maneras de pasar al modo disperso.

Para conseguir resolver tus ejercicios, primero tienes que centrarte: a veces nos atascamos resolviendo un ejercicio si primero no preparamos nuestro cerebro para que se centre en lo más básico. No comiences a solucionar un ejercicio sin haber estudiado primero la explicación. Tienes que marcar primero un mínimo camino en el tablero de *pinball* en modo centrado.

Tómate un descanso para obtener una nueva perspectiva para solucionar un ejercicio: también puede que nos atasquemos en la resolución de un problema incluso aunque nos hayamos preparado correctamente. En este caso, intenta actuar un poco como Magnus, el jugador de ajedrez. Aléjate del problema y mira a tu alrededor. Tómate un descanso. Pero luego tienes que regresar a la partida, ¡si no, perderás seguro!

Podemos decidir fácilmente entrar en modo centrado, pero pasar al modo disperso es más difícil. Dormir, darse un baño, ir en autobús, o simplemente dar una vuelta, son buenas maneras de inducir este estado mental más relajado.

COMPRUEBA SI LO HAS ENTENDIDO

Comprueba si las ideas clave de este capítulo se han introducido en el cerebro respondiendo a las siguientes preguntas. Cuando termines, puedes comparar tus respuestas con las que encontrarás al final del libro.

Quizás estés pensando en saltarte estas preguntas, pero si lo haces, te estarás perdiendo parte de los beneficios que puede ofrecerte este libro.

1. ¿Qué significa estar en modo centrado?
2. ¿Qué es el modo disperso? ¿Cuáles son tus actividades favoritas para activar el modo disperso?
3. ¿Cómo puede ayudarte una máquina de *pinball* (o dos) a entender cómo funciona tu cerebro?
4. ¿Qué otras metáforas podemos utilizar para explicar qué son el modo centrado y el disperso?
5. ¿Por qué dos motivos puedes quedarte atascado cuando intentas resolver un ejercicio de matemáticas o ciencias?
6. ¿Qué hábito de estudio cambiarías tras leer este capítulo?

¿Te has dado un paseo por las imágenes del siguiente capítulo? ¿Has intentado responder algunas de las preguntas al final del siguiente capítulo? ¿Tienes una libreta a mano? (¡Marca esta casilla cuando hayas terminado!). ❑

Capítulo 3

¡Prometo hacerlo luego!

Cómo utilizar un tomate
para vencer la procrastinación

En el siglo XIX, los asesinos estaban fascinados con un elemento químico llamado arsénico. (Se pronuncia «ar-SÉ-ni-co»). El arsénico envenenaba y mataba a sus víctimas en un solo día. Y de una manera muy dolorosa.

En 1875, dos hombres ingirieron arsénico ante el público. Los espectadores supusieron que se morirían al cabo de poco tiempo. Pero para sorpresa de todos, regresaron al día siguiente vivitos y coleando. ¿Cómo era posible? ¿Cómo podía ser que algo tan dañino aparentemente no les afectara?

Fue todo un misterio.

Luego explicaremos cómo terminó la historia de las personas que ingirieron arsénico, pero... cuidado, que vamos a destriparte el final; no acabó bien.

El arsénico es perjudicial para nuestra salud, pero los tomates no, ¿verdad? Están repletos de nutrientes saludables. Voy a demostrar que incluso un tomate de plástico puede sentarte bien. Que puede ayudarte a aprender mejor. ¿Te parece una locura? Enseguida lo explicaré. Pero ni se te ocurra comer tomates de plástico. El truco no consiste en eso...

El problema de posponer tus tareas

Quiero hablar de la procrastinación.[1] **Procrastinar significa posponer las tareas para más tarde**. Es un problema que afecta a muchos estudiantes (¡y a adultos!), y que se interpone en nuestro camino para aprender. Procrastinar es algo muy natural. ¿Por qué deberías hacer algo que no te apetece hacer? Y, sobre todo, si sabes que va a ser difícil. ¿Por qué deberías estudiar el lunes si no tienes el examen hasta el viernes? ¿No te habrás olvidado de todo cuando llegue el momento?

Deja que explique cuál es el problema. Si procrastinas, vas a quedarte sin tiempo. Tal y como aprenderás más adelante, tanto el tiempo como la práctica son esenciales para conseguir cimentar nuevas ideas en tu cerebro. Si te quedas sin tiempo, no sólo no podrás construir estructuras de aprendizaje, sino que además gastarás parte de tu energía preocupándote por ello. Es una situación en la que sólo puedes perder. La procrastinación es el enemigo del aprendizaje de calidad. Y, sin embargo, muchos estudiantes siguen haciéndolo. Pero voy a ayudarte a vencer la procrastinación.

Tengo una buena noticia. Tus zombis interiores pueden ayudarte a aprender. No te asustes. Esto no quiere decir que tengas zombis de verdad dentro de tu mente. Eso sería asqueroso. Pero es agradable imaginar que tienes un ejército de zombis en la cabeza trabajando para ti. Sería una buena idea que te hicieras amigo de ellos.

En resumen, necesitamos una máquina de *pinball*, la cabeza llena de zombis amistosos y un tomate de plástico. ¿Quién lo hubiera dicho? Confía en mí... ¡soy profesora!

---

1. Se pronuncia «pro-cras-ti-na-CIÓN». La última parte rima con «nación». (*N. de los A.*)

Procrastinación y dolor

¿Se te escapa un quejido cada vez que tu madre o tu padre te dicen que recojas, que practiques tocando un instrumento o que hagas tus deberes? Esto se debe a que cuando piensas en abrir un libro o recoger, sientes dolor de verdad; los investigadores han observado que en estas situaciones el área del cerebro que siente el dolor, la corteza insular, se activa. Para tu cerebro, pensar en recoger tu habitación es como si le doliera la tripa. Pero ahora viene la parte más interesante. En cuanto comienzas a hacer esta tarea que no quieres hacer, el dolor desaparece después de unos veinte minutos. La corteza insular se va calmando si empiezas a realizar la tarea que estabas evitando. Se pone contenta de que finalmente te pongas manos a la obra.

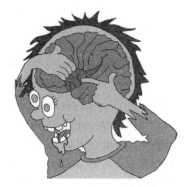

El mero hecho de pensar en algo que no te gusta activa el centro del dolor del cerebro llamado «corteza insular». Esto puede inducirte a procrastinar. (Este zombi te está enseñando muy amablemente dónde se encuentra la corteza insular).

Así que éste es el mejor consejo que puedo darte para que te conviertas en un buen estudiante. Sólo tienes que ponerte en marcha. No pospongas el trabajo para más tarde.

Seguramente estarás pensando que para mí es muy fácil decirlo, ya que soy profesora. ¿Cómo puedo cambiar mis hábitos? Estoy muy acostumbrado a ellos.

La respuesta es... ¡con un tomate!

La técnica Pomodoro

Quizás te estés preguntando si me he vuelto loca. ¿Cómo es posible que un tomate me convierta en mejor estudiante?

En la década de 1980, a Francesco Cirillo se le ocurrió una idea para ayudar a los procrastinadores. Se trata de la técnica Pomodoro.

«Pomodoro» significa «tomate» en italiano. Cirillo creó un temporizador en forma de tomate, como el que puedes ver en la imagen inferior. La técnica de Cirillo es muy simple y funciona muy bien. (Terry y yo lo sabemos con certeza. Es una de las técnicas más populares en nuestro curso *Aprendiendo a aprender*).

Un temporizador Pomodoro.

En primer lugar, necesitas un temporizador. El temporizador con forma de tomate es genial, pero en realidad te servirá cualquier tipo de temporizador. Yo tengo un temporizador digital configurado en mi ordenador. Muchas personas utilizan aplicaciones Pomodoro en sus teléfonos inteligentes y sus IPad.

Vamos a ver en qué consiste esta técnica:

1. **Elimina todas las distracciones:** tu teléfono, la televisión, la música, tu hermano. Cualquier cosa que te impida centrarte. Encuentra un lugar tranquilo para trabajar donde nadie te interrumpa. Si puedes permitírtelo, plantéate comprar unos auriculares aislantes del ruido, unas orejeras o unos tapones, una solución más barata pero igual de efectiva.

2. Prepara el temporizador para que suene al cabo de **veinticinco minutos**.[2]

3. Ponte en marcha y **céntrate** todo lo que puedas en la tarea que tengas delante. Veinticinco minutos no es mucho tiempo. ¡Seguro que puedes hacerlo!

4. Y ahora viene la mejor parte. Cuando haya transcurrido este tiempo, **recompénsate**. Mira un vídeo de baile o escucha tu canción favorita. (O mejor aún, ¡ponte a bailar!). Acaricia a tu perro. O habla con tus amigos durante unos cinco o diez minutos. La recompensa es la parte más importante de todo el proceso Pomodoro. Si sabes que te espera una recompensa, tu cerebro te ayuda a centrarte mejor.

Cuando hayas terminado tu Pomodoro, ¡recompénsate!

---

2. Si tienes entre diez y doce años, empieza mejor con Pomodoros de entre diez y quince minutos. *(N. de los A.)*

Todo este proceso completo, incluida la recompensa, forma parte de hacer un Pomodoro.

Cuando estés haciendo un Pomodoro, no pienses en terminar una tarea. Tienes que evitar pensamientos como, por ejemplo, «Voy a terminar todos mis deberes durante este Pomodoro». Es muy posible que concluyas lo que estés haciendo, pero no te preocupes si no lo consigues. Sencillamente esfuérzate tanto como puedas durante veinticinco minutos. Y cuando suene el temporizador, tómate un descanso. Pasa al modo disperso con tu recompensa.

Puede que luego tengas que hacer otro Pomodoro, pero no pasa nada. Mientras te estés esforzando mucho en esta tarea, lo estarás haciendo bien. No te preocupes por lo mucho o poco que estés avanzando. En algún momento vas a terminar. Pero tienes que concederte tiempo suficiente para ello. No esperes hasta el último minuto.

Mientras estoy haciendo un Pomodoro, a veces mi mente comienza a divagar. Es algo muy normal. En cuanto me doy cuenta de que mi mente está divagando, simplemente la reconduzco de vuelta a mi tarea. Al fin y al cabo, sólo son veinticinco minutos. Cualquiera puede estudiar durante veinticinco minutos. Si mi mente se pone a pensar en otras tareas que quiero hacer o en páginas web que deseo consultar, las anoto en un trozo de papel para no olvidarme y luego sigo con mi Pomodoro.

Debo admitir que si cuando suena el temporizador tengo ganas de seguir trabajando, lo hago. Trabajar de manera fluida en la tarea que tienes entre manos es una buena señal. Pero cuando al cabo de un rato paro, siempre me recompenso. ¡Es hora de entrar en modo difuso! Si he estado escribiendo (como, por ejemplo, este libro), me pongo a escuchar mi canción favorita. O me levanto a prepararme una taza de té y a mirar por la ventana. No escribo durante mi descanso. Así, la parte de mi cerebro que se ocupa de escribir puede descansar.

En realidad es una buena idea que durante tu descanso hagas algo completamente diferente a lo que estuvieras haciendo cuando estabas en modo centrado. Tienes que dejar descansar el área de tu cerebro que estuviera centrándose. Si estudias sentado, lo mejor que puedes hacer durante tu descanso es moverte.

A algunas personas les gustan los temporizadores Pomodoro que hacen el sonido de un reloj. Así tienen un recordatorio constante de que el tiempo va transcurriendo y de que cada vez está más cerca el momento de descansar. El tictac los mantiene centrados.

¿Cuántos Pomodoros deberías hacer en un día? Esto debes decidirlo tú mismo. Si estás bastante motivado y lo único que necesitas es un empujón ocasional para seguir en marcha, intenta hacer sólo uno o dos Pomodoros al día cuando lo necesites. Hay personas que llevan la cuenta de cuántos Pomodoros hacen en un día, por lo general con aplicaciones Pomodoro que hacen el recuento de cuántos Pomodoros llevas, como si fueran medallas. Busca alguna aplicación Pomodoro y encuentra alguna que te guste. Una de las aplicaciones más populares que conocemos se llama «Forest».

Por cierto, no cambies de tarea mientras estés haciendo un Pomodoro. Elige una tarea y céntrate en ella hasta que suene el temporizador. (Aunque, por supuesto, si terminas una tarea durante un Pomodoro puedes empezar la siguiente). Algunos estudiantes están convencidos de que pueden realizar varias tareas a la vez o de que pueden ir alternando entre varias de ellas. Esto se llama «multitarea». Pero la idea de que podemos hacer múltiples tareas a la vez es errónea. Sólo podemos centrarnos en una sola cosa a la vez. Cada vez que centras tu atención en otra tarea pierdes energía mental, por lo que acabas obteniendo peores resultados. Es como si en el tablero de *pinball* pusieras dos pelotas en vez de sólo una y tuvieras que hacer equilibrios para poder controlarlas. Y cuando, inevitablemente, acabas fallando, ambas pelotas caen.

Consejo para aprender: ¡pon un temporizador
en tus descansos y aprende a posponer
tu procrastinación!

El temporizador Pomodoro puede ser igual de útil para tus momentos de descanso que para estudiar. Ponlo para que suene dentro de cinco, diez, o los minutos que necesites para tomarte un descanso. Recuerda que tomarse un descanso es importante para que tu modo disperso te ayude a aprender.

Para ciertas personas, acostumbrarse a volver a centrarse en la tarea después de tomarse un descanso requiere cierta práctica. En estos casos, puede resultarte de ayuda un temporizador que haga un ruido muy fuerte y distintivo.

A veces hay personas a las que les cuesta dejar de procrastinar. Si es tu caso, un buen consejo mental es decirte a ti mismo que vas a procrastinar dentro de diez minutos. Mientras tanto, durante esos diez minutos, mira (o escribe) una lista de lo que quieres hacer. Esto permitirá que tu modo disperso se ponga en marcha en un segundo plano y empiece a pensar en tus tareas y en cómo vas a completarlas.

Zombis buenos y malos

Esto me lleva de nuevo a los zombis. A veces tienen mala reputación. La gente piensa en ellos como si fueran monstruos, criaturas de aspecto aterrador que están bajo el control de algo o de alguien.

Pero los zombis (¡por lo menos en nuestro libro!) representan tus hábitos. Hay hábitos zombis buenos, neutros y malos. (Bueno, en realidad, los zombis malos no lo son tanto, pero hay veces en las que no nos ayudan en absoluto).

¿Qué tienen en común todos los zombis? Que trabajan automáticamente para conseguir sus objetivos (que, por lo general, tienen algo que ver con comer cerebros). Nada los distrae. No se rinden nunca. Es como si tuvieran puesto el piloto automático.

Tus hábitos son como los zombis, y pueden ser malos o buenos.

Todos tenemos un modo zombi y, por suerte, no tiene nada que ver con comer cosas extrañas como los zombis de verdad. Somos capaces de hacer las cosas automáticamente porque antes las hemos hecho muchas veces. ¿Cuáles son tus hábitos en modo zombi? ¿Quitarte los zapatos y dejarlos tirados cuando llegas a casa después de jugar al fútbol? ¿Sentarte en tu silla favorita delante del televisor? ¿O agarrar tu teléfono cada vez que vibra? Sin pensarlo. Sin debatirlo. Éste es tu modo zombi.

Imagina que estás tan concentrado como un zombi bueno en tus tareas durante el tiempo que se supone que deberías estar estudiando. La técnica Pomodoro te ayudará a conseguirlo. Pero también tendrás que ir derrotando los hábitos zombis malos que se crucen en tu camino.

Por ejemplo, estudiar y mandar mensajes a la vez es un mal hábito. Es tu zombi malo de estudiar mientras mandas mensajes. Para derrotarlo, puedes entrenar a un zombi bueno y acostumbrarlo a que apague tu teléfono, lo silencie o lo deje en otra habitación. ¡Este nuevo zombi bueno puede ayudarte a vencer al malo!

Si tu hermano te interrumpe, entrena a tu zombi bueno interior para que le explique que estás haciendo un Pomodoro. Pídele a tu hermano que te deje en paz hasta que hayas terminado. Si sabes que luego te va a entrar hambre, tómate un tentempié antes de empezar un Pomodoro. En vez de comenzar a leer el siguiente capítulo de tu libro de texto así sin más, date primero un paseo por las imágenes y después toma notas en el papel que tu zombi bueno habrá dejado preparado muy amablemente a tu lado. Sustituye tus hábitos de zombi malo por otros que sabes que van a hacerte la vida más fácil.

Volvamos a los comedores de arsénico

¿Te acuerdas de los comedores de arsénico? ¿Cómo es posible que ingirieran arsénico y no murieran al instante? ¿Y qué tiene que ver ingerir un veneno mortal con algo tan inofensivo como posponer tareas, es decir, procrastinar?

Los comedores de arsénico ingerían un poco de veneno cada día. Entrenaban a sus cuerpos para que se acostumbraran a ser envenenados. Estaban desarrollando inmunidad. Creían que se salían con la suya porque no se sentían enfermos.

Pero aunque no se daban cuenta, se estaban envenenando poco a poco.

Un poco de arsénico no te mata inmediatamente. Pero no es nada saludable. Con el tiempo, puede llegar a provocar muchos daños, como, por ejemplo, cáncer u otras patologías en los órganos internos. ¡No ingieras arsénico!

¿Y eso que tiene que ver con la procrastinación?

No parece que vaya a pasarnos nada por posponer un poco más el momento de comenzar estudiar. O por pasar unos minutos más en las redes sociales. Pero si te acostumbras a procrastinar te resultará más difícil aprender, porque tendrás menos tiempo para ponerte manos a la obra y estudiar. Te estresarás, no llegarás a las fechas límite y no aprenderás como es debido. Incluso puedes acabar quedándote atrás en tus estudios. Y todo esto provocará que seas un estudiante menos eficiente.

Recuerda que puedes construir un ejército de zombis buenos en tu cabeza dispuestos a trabajar por ti durante estos breves períodos de tiempo si consigues que se conviertan en un hábito. Así que ¡prepárate para amar a este tomate de plástico! O la aplicación Pomodoro de tu teléfono.

¡Ahora te toca a ti! Planifica para evitar distracciones

Anota todo lo que te distraiga de la tarea que tienes entre manos. Cada vez que anotes una distracción, piensa en un nuevo hábito que podrías implementar para intentar evitarla. (Si estás leyendo este libro en un dispositivo electrónico, haz tu propia tabla en un papel). Aquí tienes un ejemplo para animarte a empezar. Si eres muy joven, quizás podría resultar de ayuda sentarte con un adulto durante diez minutos para empezar.

DISTRACCIÓN: Zombis malos	SOLUCIÓN: Zombis buenos
Si mi móvil vibra, dejo de trabajar.	Dejar el móvil en la cocina mientras hago un Pomodoro.

¡Ahora te toca a ti!
Exprime al máximo la lectura recordando activamente

Queremos avanzar una importante técnica de aprendizaje que te resultará de gran ayuda en los capítulos siguientes. Se trata de la técnica de recodar activamente. Recordar activamente significa recuperar una idea en nuestra mente. Está demostrado que rememorar activamente las ideas claves que estás aprendiendo es una muy buena manera de recordarlas.[3]

Es posible que ya hayas deducido que te hemos enseñado a evitar la procrastinación para que tengas más tiempo libre para dedicarlo a técnicas importantes, como, por ejemplo, la de recordar activamente.

Vamos a enseñarte en qué consiste. Antes de empezar a leer un nuevo capítulo del libro, date un paseo por las imágenes. (Ya hemos hablado sobre esto al final del primer capítulo).

A continuación, empieza a trabajar. No tengas prisa. Vuelve a leer un párrafo si no lo has entendido o si has dejado de prestar atención. (Es muy normal que a veces dejes de prestar atención. Esto no quiere decir que no seas inteligente). Anota unas palabras en el margen del libro o en una hoja de papel aparte sobre una idea que te parezca importante. Si es necesario, puedes subrayar una o dos palabras claves, pero no el párrafo entero.

Y ahora viene la parte más importante. Deja de mirar la página e intenta ver qué eres capaz de recordar. ¿Cuáles son las ideas clave de la página? Vuelve a recuperarlas en tu mente. O pronúncialas en voz alta. No te limites a releer la página una y otra vez. Y no subrayes ni resaltes una parte del texto.

La técnica de recordar activamente consiste sobre todo en ser capaz de extraer las ideas clave de tu propia mente en vez de tan sólo leerlas o releerlas en una página. No tienes que utilizar esta técnica con cada página del libro. Pero si lo intentas con unas cuantas páginas clave, te sorprenderás de lo mucho que te puede ayudar.

Se ha demostrado que si utilizas la técnica de recordar activamente al estudiar, obtendrás mejores resultados cuando hagas un examen. Si empleas esta técnica al aprender, conseguirás tener un mejor rendimiento incluso estando bajo presión.[4] Y no sólo te ayudará a introducir

---

3. Karpicke y Blunt, 2011; Bird *et al.*, 2015.
4. Smith *et al.*, 2016. Ten en cuenta que lo que nosotros llamamos «recordar activamente» por lo general aparece como «práctica de recuperación» en la bibliografía científica.

información nueva en tu memoria, sino que también te servirá para fortalecer tu comprensión.[5]

Los tres pasos clave para exprimir al máximo la lectura

1. Dar un paseo por las imágenes.
2. Leer con atención.
3. Recordar activamente.

También puedes utilizar la técnica de recordar activamente como una herramienta de aprendizaje en general. Por ejemplo, cierra este libro y comprueba cuántas de las ideas clave que has leído hasta ahora eres capaz de recordar. Cuando creas tenerlas todas, ¡vuelve a abrir el libro y comprueba si te has dejado alguna!

Prueba a recordar la información en distintos momentos y lugares. Puedes practicar cómo recordar activamente mientras esperas a un amigo, cuando estés sentado en el autobús, o antes de acostarte. Hay dos motivos importantes por los que deberías hacerlo. En primer lugar, porque en estas situaciones no tendrás ni tus notas ni el libro delante de ti, así que te asegurarás de estar realmente recordando la información y no sólo echando un vistazo al libro. Y, en segundo lugar, porque no estarás en tu ambiente de estudio habitual. Como observarás más adelante, aprender en distintos lugares puede ayudarte a conservar mejor la nueva información en tu mente.

---

5. Karpicke y Blunt, 2011.

Cuando iba a secundaria, solía ir andando a casa de mi abuela para comer. Mientras caminaba, intentaba recordar las ideas clave que acababa de aprender en clase, como si estuviera volviendo a ver una película muy interesante. Esta técnica me ayudó muchísimo a destacar en mis estudios.

—Zhaojing «Eileen» Li, graduada de la Universidad de Tsinghua, la mejor universidad de China

---

EN RESUMEN

→ Todos desarrollamos hábitos. Todos tenemos nuestros zombis internos, aquellas cosas que hacemos sin tener que pensar.

→ **Nuestros hábitos zombis pueden resultarnos útiles o no ayudarnos en absoluto.** Algunos nos ahorran tiempo. Pero a menudo la gente desarrolla el hábito de posponer el trabajo, es decir, procrastinan. Esto es muy perjudicial para poder aprender efectivamente. No deja tiempo suficiente como para centrarte o empaparte de las lecciones que has aprendido.

→ Por suerte, puedes cambiar tus hábitos e implementar otros nuevos. **La técnica Pomodoro puede ayudarte muchísimo a estar más centrado cuando trabajes.** Consigue que se convierta en un hábito. Elimina cualquier distracción y pon un temporizador para trabajar durante veinticinco minutos. Fácil. Luego tómate un descanso y concédete una recompensa. Haz algo que te haga entrar en modo disperso.

→ **Cada vez que pospones una tarea, estás dañando tu cerebro.** Si simplemente te pones en marcha dejarás de sufrir.

→ **Recordar activamente es una técnica puede tener un gran impacto en tu aprendizaje.** Se trata de extraer las ideas claves de tu propia mente para repasarlas. No te limites a leer tus notas y no te engañes pensando que tienes toda la información dentro de tu mente.

COMPRUEBA SI LO HAS ENTENDIDO

Para asegurarte de haber entendido este capítulo, responde a las siguientes preguntas. Di las respuestas en voz alta, escríbelas o intenta explicárselas a otra persona y enseñarle lo que has aprendido.

Cuando termines, puedes comparar tus respuestas con las que encontrarás al final del libro.

1. ¿Qué es la procrastinación?
2. ¿Por qué la procrastinación es mala para el proceso de aprendizaje?
3. ¿Qué le ocurre a tu cerebro cuando piensa en algo que no le gusta o no quiere hacer?
4. ¿Cómo explicarías la técnica Pomodoro a alguien que no sepa de qué se trata?
5. ¿Cuál es la parte más importante del proceso Pomodoro?
6. ¿Qué deberías hacer durante los descansos entre Pomodoros?
7. ¿Deberías marcarte como objetivo terminar una tarea durante un Pomodoro? ¿Por qué o por qué no?
8. ¿Qué ventajas tiene el modo zombi?
9. ¿Qué tiene que ver el modo zombi con la procrastinación?
10. ¿Cuál era el propósito de la historia de los comedores de arsénico? ¿Cómo podemos relacionarla con la procrastinación?
11. Explica en qué consiste la técnica de recordar activamente.

¿Te has dado un paseo por las imágenes, has intentado contestar las preguntas al final del siguiente capítulo y tienes la libreta lista para empezar el próximo capítulo? ❑

Capítulo 4

Conexiones neuronales y diversión con alienígenas del espacio

Santiago tenía once años y un problema. Un gran problema. Esta vez, había acabado en la cárcel.

Lo tenía bien merecido. Santiago discutía constantemente con su padre y se peleaba con todos sus profesores. Lo habían expulsado de la escuela en repetidas ocasiones. Pero aquel día en concreto, ¡abrió un agujero en la puerta del vecino con un cañón casero!

Odiaba la escuela. No tenía buena memoria, por lo que le costaba mucho aprender exactamente como sus profesores querían que lo hiciera.[1] Odiaba en especial las matemáticas, no entendía qué sentido tenían. Le gustaba dibujar, pero su padre pensaba que eso no servía para nada.

Santiago se estaba precipitando con rapidez hacia ninguna parte. Pero ¿sabes qué ocurrió? Con el tiempo, Santiago ganó un premio Nobel, el equivalente a una medalla de oro en unas Olimpiadas pero de ciencias. Se convirtió en el padre de la neurociencia

---

1. Es importante que hagamos una aclaración. No es que Santiago pensara que tenía una mala memoria, sino que realmente la tenía, tal y como explicó detalladamente en su autobiografía. Esto significa que si no tienes una memoria tan buena como la de los demás y a veces te cuesta aprender, ¡no debes perder la esperanza! Más adelante profundizaremos en este tema. (N. de los A.)

moderna. El malote de Santiago Ramón y Cajal[2] se convirtió en uno de los grandes científicos de todos los tiempos.[3] Y para ello utilizó tanto sus habilidades artísticas como matemáticas.

Vamos a explicar cómo lo logró. Pero primero, vamos a aprender un poco sobre el cerebro. Así podrás entender mejor uno de los mayores descubrimientos de Santiago. ¡Y también comprenderás mejor cómo aprendemos!

Alienígenas simpáticos del espacio exterior: cómo hablan las neuronas

Vamos a empezar con unas pocas ideas sencillas sobre el cerebro.

Tu cerebro contiene neuronas. Miles de millones, aproximadamente una cantidad similar al número de estrellas que hay en la galaxia de la Vía Láctea. Las neuronas son las piezas fundamentales de tu cerebro. Son pequeñas. Muy pequeñas. ¡Diez neuronas son igual de anchas que un pelo humano! Pero pueden llegar a ser muy largas, más largas que tu brazo.

Para comprender mejor qué es una neurona, imagínate que son como pequeños alienígenas del espacio exterior.

Sí, alienígenas. ¿Ves el ojo del alienígena neurona del dibujo siguiente? (Técnicamente el ojo se llama «núcleo»; todas las células de nuestro cuerpo tienen un núcleo). El alienígena neurona tiene un único brazo siempre levantado, como si fuera un sombrero. Y en la parte inferior tiene tres piernas.

Las neuronas alienígenas son unas criaturas extrañas. Tienen solamente un ojo, un brazo y tres piernas. (En realidad, las neuronas pueden tener más de tres piernas. ¡Muchas más! Pueden tener formas y tamaños muy diferentes, ya que son las células de tu cuerpo que presentan mayor variedad).

2. Se pronuncia «ra-MÓN-y-ca-JAL». *(N. de los A.)*
3. Ramón y Cajal, (reimpresión 2014).

Un alienígena neurona, nuestra metáfora de una neurona de verdad.

Debajo hay un dibujo mucho más parecido a una neurona de verdad. En la parte inferior verás las piernas de las neuronas. En realidad se llaman «dendritas». Arriba del todo está el brazo de la neurona. En realidad se llama «axón».[4]

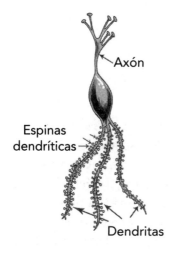

Axón

Espinas dendríticas

Esto es una neurona un día cualquiera.

Dendritas

---

4. Los dedos al final de los axones se llaman «botones». Cuando una neurona quiere mandar una señal a otra, el botón de la neurona que envía el mensaje se abraza a la espina dendrítica de la neurona que lo recibe. Ambas neuronas están separadas sólo por el espacio sináptico. Es como si el botón y la espina dendrítica fueran una pareja casada que pudieran mandarse besos a través del espacio sináptico. (N. de los A.)

Fíjate en las protuberancias que hay en las piernas dendríticas de la neurona. Se llaman «espinas dendríticas». Es como si fueran dedos del pie esparcidos por todas las piernas del alienígena. (Recuerda. Se trata de un alienígena. ¡No tiene la misma apariencia que nosotros!).

Las espinas dendríticas son diminutas pero son muy importantes. Te las volverás a encontrar repentinamente entre las páginas de este libro.

Uno de los conceptos clave es que las neuronas pueden mandarse señales.

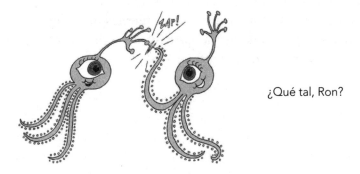

¿Qué tal, Ron?

Quizás te resulte más sencillo comprenderlo si volvemos por un momento a nuestros alienígenas del espacio. Cuando un alienígena neurona quiere hablar con el alienígena que tiene al lado, alarga su brazo y transmite una pequeña descarga eléctrica en el dedo del pie del otro alienígena. (Estos alienígenas en particular expresan su amistad dándose pequeñas descargas eléctricas. Es raro, lo sé).

Pues con las neuronas ocurre algo similar. Una neurona puede propagar una señal eléctrica por su axón y provocar una pequeña descarga en la espina dendrítica de la neurona siguiente.[5] Se parece un poco a las pequeñas descargas de electricidad estática que habrás notado durante un día seco. Las neuronas pueden enviar una

---

5. Sí, sabemos que en el proceso también hay neurotransmisores implicados. Pero preferimos no entrar en un nivel de complejidad más profundo.

pequeña descarga a través del pequeño espacio que las separa de las otras neuronas. Este espacio se llama «sinapsis». (Se pronuncia «si-NAP-sis»).

Ya lo tienes. ¡Acabas de comprender cómo las neuronas se envían señales! Bueno, en realidad es un proceso un poco más complicado que implica cierta química. Pero ahora comprendes las bases del proceso.

Dos neuronas pueden conectarse a través del proceso sináptico.

También puedes observar el proceso sináptico más de cerca. La chispa de la sinapsis crea una señal eléctrica que puede transmitirse a través de la neurona. Si dicha señal llega hasta el extremo del axón, puede provocar una chispa en la siguiente neurona. Y la siguiente. Y la siguiente.[6] Esta señal que se transmite de una neurona a otra son tus pensamientos. Es el equivalente a los caminos que había en tu tablero de *pinball* mental.

6. Todo lo que estamos explicando parece muy sencillo. Pero en realidad es como si fuera una fiesta; la mitad de la acción ocurre entre bastidores. Es cierto que una señal puede pasar de una dendrita al cuerpo celular de un axón y luego a la dendrita de la siguiente neurona. Pero a cada paso del proceso, el progreso de la señal depende de muchos factores distintos, como, por ejemplo, dónde está situada la espina dendrítica en la dendrita y cuántas otras señales llegan a la neurona. *(N. de los A.)*

A la izquierda puedes ver una ampliación de una pequeña sinapsis. ¿Ves esta pequeña chispa? A la derecha puedes ver una sinapsis mucho mayor que ha crecido debido a la práctica. ¿Ves que la chispa es mucho mayor?

Las flechas del dibujo de aquí debajo muestran cómo puede transmitirse una señal a través de las sinapsis y las neuronas.

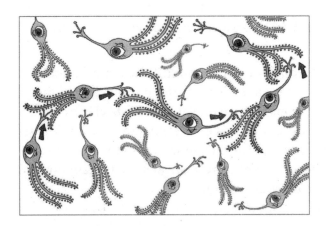

Las señales se transmiten a través de las neuronas. ¡Así se crean tus pensamientos!

Volvamos de nuevo a nuestros amigos los alienígenas neurona. Cuantas más veces un alienígena neurona mande una descarga al alienígena neurona que tiene al lado para que transmita el mensaje a sus amigos, más fuerte será la conexión entre ellos. Los alienígenas neurona son como amigos que pueden llegar a convertirse en mejores amigos si se hablan mucho.

Lo mismo ocurre con las neuronas de verdad. Los investigadores tienen una frase para eso: «Las neuronas que se activan juntas permanecen juntas».[7] de la expresión «permanecen juntas» se refiere a que se crean cadenas de conexiones neuronales. Cada vez que aprendes algo nuevo, estás creando conexiones nuevas o más fuertes en tu cerebro. ¡Una nueva cadena de conexiones neuronales![8]

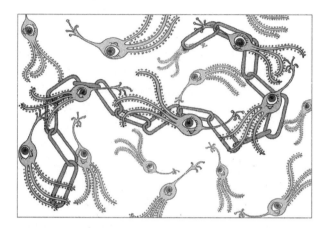

Cuando empiezas a aprender algo se comienza a crear una débil cadena de conexiones.

7. La gente suele creer que esta frase la dijo Donald Hebb, un neuropsicólogo canadiense, en 1949. Pero esta expresión sólo es una manera rápida de resumir una de las ideas claves de Hebb. La teoría de Hebb es mucho más compleja, tal y como podría confirmar cualquier neurocientífico.

8. En nuestro libro, utilizamos el término «cadena de conexiones neuronales». Y al proceso de crear una cadena de conexiones neuronales lo llamamos «vincular». En cambio, los neurocientíficos usan los términos «fragmento» y «fragmentación» (*véase* Guida *et al.*, 2013; Guida *et al.*, 2012). Los psicólogos cognitivos emplean el término «representación mental» para referirse a un concepto similar (*véase* Ericsson y Pool, 2016). Hemos decidido utilizar la expresión «conexión neuronal» porque «fragmento», a pesar de estar bien asentado en el campo de la neurociencia, puede producir confusión. (*Véase* Gobert *et al.* para más información sobre dicha confusión. Por otro lado, «representación mental» no da esta sensación de conectividad entre neuronas que nos proporciona el término «conexión neuronal».

Cuando empiezas a aprender algo nuevo, las conexiones neuronales son más bien débiles. Sólo hay unas pocas neuronas conectadas. Y cada neurona tiene una pequeña espina dendrítica y una sinapsis débil. La chispa entre ambas neuronas no es muy fuerte.

Pero a medida que vas practicando, se van juntando más neuronas.[9] Y la conexión sináptica entre las neuronas se vuelve cada vez más fuerte. Esto significa que la chispa se va haciendo mayor. Cuantas más neuronas haya, más fuertes serán las sinapsis, ¡y también las conexiones neuronales![10] Las cadenas de conexiones neuronales más largas pueden almacenar ideas más complejas. Pero cuando las neuronas no se activan juntas, ocurre justo lo contrario; sus conexiones van debilitándose, igual que si dos amigos dejaran de hablarse.

Hay personas que se imaginan que las cadenas de conexiones neuronales son como los caminos que recorre un ratón en medio del bosque (el ratón es el equivalente a la pelota de tus pensamientos que rebotaba en la metáfora de la máquina de *pinball*). Cuantas más veces pase el ratón por un camino, con más claridad quedará marcado. Y cuanto más ancho sea el camino, más sencillo será recorrerlo.

---

9. Anacker y Hen, 2017.

10. Parece ser que aprender también estimula la creación de nuevas neuronas. El nacimiento y crecimiento de una nueva neurona se llama «neurogénesis». Actualmente, es un tema muy candente en el campo de la neurociencia, y los investigadores todavía tienen mucho que aprender. *Véase* Anacker y Hen, 2017. Me gustaría recordar a los lectores que estamos pintando un retrato muy simple de un proceso muy importante. Hay muchos otros procesos implicados en el aprendizaje y la memoria. Por ejemplo, *véase* Gallistel y Matzel, 2013.

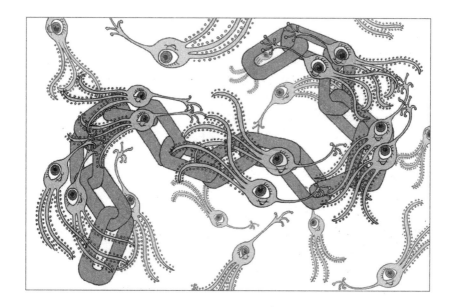

Cuanto más practiques, más fuerte se volverá la cadena de conexiones neuronales.[11]

Pero entonces, ¿cuál sería el equivalente al modo disperso en la metáfora del ratón? Fácil. En el modo disperso, el ratón (el pensamiento) no sólo corre por el camino. En su lugar, ¡el ratón del pensamiento sube de un salto a un pequeño dron y se va volando hasta algún otro lugar!

---

11. Cuanto más practiques, más fuertes se volverán tus conexiones neuronales. Los procesos reales son mucho más complejos de lo que estamos enseñando aquí con un simbólico par de neuronas duplicadas en una cadena de conexiones neuronales. En realidad, lo que incrementa es la conectividad de las sinapsis individuales; se juntan más sinapsis y neuronas en un cadena de conexiones; ocurre un proceso llamado mielinización (que aísla y ayuda a transmitir las señales más rápidamente; y se dan muchos otros procesos).

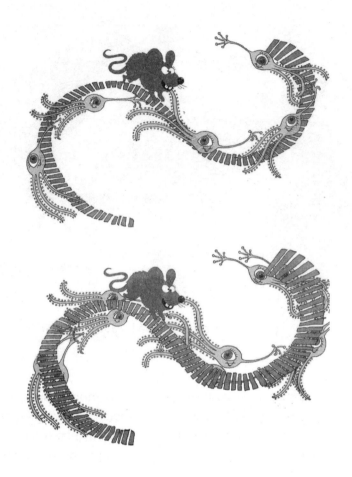

Cuantos más ratones mentales pasen por ese camino, más anchas y fáciles de recorrer serán las vías neuronales.

No te preocupes por si accidente utilizas todas tus neuronas para crear conexiones neuronales más grandes y anchas. Tienes miles de millones de neuronas, y tu cerebro está creando nuevas neuronas una y otra vez. Es más, ¡puedes crear miles de millones de conexiones entre neuronas!

La capacidad que permite que los caminos de tu cerebro puedan cambiar y crecer se llama *neuroplasticidad*. (Se pronuncia «neu-ro-plas-ti-ci-DAD»). Esta palabra tan sofisticada quiere decir que es como si tus neuronas estuvieran hechas de una arcilla que pudieras moldear. Es decir, tus neuronas pueden cambiar. ¡Y es por eso que tú también puedes hacerlo!

¡Ahora te toca a ti! Crea tus propias neuronas

Puedes crear tus propias neuronas y conexiones neuronales. El método más sencillo para hacer una maqueta de una cadena de conexiones neuronales consiste en agarrar una tira de cartulina y pegar ambos extremos. Luego, agarra otra tira y pásala por dentro de la primera (que ahora ya es un círculo cerrado). A continuación, pega ambos extremos de la segunda tira de cartulina. Puedes ir repitiendo el proceso hasta que tu cadena de conexiones neuronales sea tan larga como quieras.

Los más expertos en hacer manualidades pueden utilizar limpiapipas y abalorios de distintos tamaños, pero siempre comprobando que los limpiapipas quepan por el agujero de los abalorios. Utiliza los limpiapipas para formar el axón, los botones (que son como dedos en el extremo del axón), las dendritas y las espinas dendríticas. Puedes representar las pequeñas bolas en los extremos de las espinas dendríticas con los pequeños abalorios. Y el ojo de la neurona (el núcleo) podría ser un abalorio más grande.

Crear tu propia neurona es una muy buena manera de recordar todas sus distintas partes. Si alineas tus neuronas haciendo que los axones toquen las dendritas, podrás comprender mejor cómo las neuronas se comunican entre ellas.

El misterio de la neurona

En la época de Santiago Ramón y Cajal, a finales del siglo xix, los científicos no sabían que el cerebro estaba constituido por neuronas individuales. Los científicos tenían la teoría de que las neuronas se juntaban y creaban una red. Creían que esta red se expandía por todo el cerebro, como si fuera una telaraña.[12] Los científicos

___

12. La teoría de que las neuronas formaban una única red se llamaba «teoría reticular». Aquello chocaba con la teoría de Santiago de que había neu-

creían que el cerebro era una única red de neuronas, como una telaraña, debido a que las señales eléctricas se transmitían con mucha facilidad entre las distintas partes del cerebro. ¿Cómo podía ser que la transmisión fuera tan fluida si tenía que saltar de una neurona a la otra?

El problema que tenían es que les resultaba muy complicado poder ver lo que ocurría realmente. Los microscopios no eran lo bastante potentes como para comprobar si había cierto espacio entre las neuronas. En aquel momento, la teoría de la telaraña parecía muy razonable. Pero Santiago estaba convencido de que había un espacio entre las neuronas, aunque fuera demasiado pequeño como para que pudieran verlo. Santiago sugirió que las señales saltaban por aquel espacio en forma de chispa eléctrica. (¡Igual que nuestros alienígenas neuronas, que se comunican dándose pequeñas descargas!). Por supuesto, Santiago tenía razón. Gracias a las nuevas herramientas actuales, que son mucho más potentes que los viejos microscopios, ahora somos capaces de ver el espacio sináptico que hay entre las neuronas.[13]

Hoy en día, los neurocientíficos pueden hasta escuchar la conversación que mantienen las neuronas que tenemos en el cerebro. Podemos ver fácilmente las ondas eléctricas gracias a las nuevas tecnologías punteras, como, por ejemplo, el EEG.[14] Es como ver rugir las olas del mar.

---

ronas mucho más pequeñas que se mandaban señales a través de pequeños espacios. La teoría de Santiago se llamaba «doctrina de la neurona». *(N. de los A.)*

13. Sin embargo, no todas las sinapsis tienen un espacio. Algunas neuronas tienen una conexión eléctrica directa. Estas conexiones directas son mucho más frecuentes al inicio del desarrollo del córtex cerebral, pero la mayoría desaparece en los cerebros de los adultos. *(N. de los A.)*

14. «EEG» significa *electroencefalograma* (se pronuncia «e-lec-tro-en-ce-fa-lo-GRA-ma»). Para utilizar esta técnica hay que poner discos metálicos en la cabeza de una persona para ayudar a los investigadores a ver la actividad eléctrica del cerebro. *(N. de los A.)*

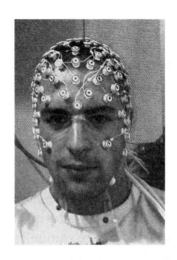

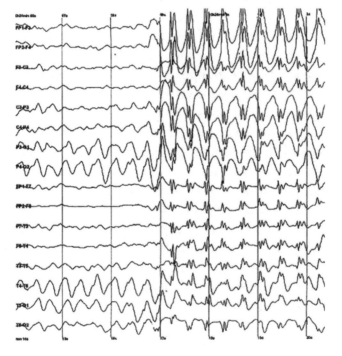

En la parte superior puedes ver a una persona con los sensores de la EEG colocados en su cabeza. Debajo puedes ver algunas de las ondas EEG que genera su cerebro.

¡Nos encantan las metáforas!

¿Se nota que nos gusta utilizar metáforas? Una metáfora es una comparación entre dos cosas.[15] Una suele ser algo con lo que estás familiarizado, como, por ejemplo, las olas del mar. Y la otra es algo que seguramente no te resulte tan familiar, como, por ejemplo, una onda eléctrica. Las metáforas te permiten conectar lo que ya sabes con el nuevo concepto que estás aprendiendo. Esto te permite trabajar más deprisa. (Es obvio que una onda eléctrica no es lo mismo que una ola del mar, una neurona no es un alienígena del espacio y una espina dendrítica no es un dedo del pie. Simplemente tienen algunas características en común).

Pensar en una metáfora creativa es una de las mejores maneras de aprender un concepto nuevo o compartir una idea importante. Éste es el motivo por el cual algunas metáforas tienen sentido en cualquier idioma, como, por ejemplo, el proverbio suajili «La sabiduría es riqueza». Los grandes escritores son conocidos por sus metáforas. ¿Has oído alguna vez la frase de Shakespeare «El mundo es un escenario»? Tú eres el actor.

Cuando piensas en una metáfora, se activa uno de los caminos de tu cerebro. (Sí, este camino son las cadenas de conexiones neuronales que hemos visto hace unas páginas). Este camino te ayudará a poder pensar de manera más compleja en el concepto real. ¡Simplemente por el hecho de haber creado una metáfora ya habrás empezado a entender este concepto más complicado! Las metáforas te ayudan a comprenderlo todo más deprisa. (Todo esto tiene relación con una teoría llamada «teoría del reciclaje neuronal».[16] En realidad, estás reciclando ideas que ya sabes para ayudarte a aprender nuevas ideas).

---

15. Los profesores de inglés saben mucho sobre palabras. Podrían señalar que a veces técnicamente estamos utilizando analogías o símiles, dos recursos muy parecidos a las metáforas. Pero para que este libro sea más sencillo, nos limitaremos a hablar de metáforas. *(N. de los A.)*

16. Anderson, 2014.

Por lo general llega un punto en que las metáforas dejan de funcionar. Por ejemplo, la metáfora de los alienígenas del espacio que se dan descargas no explica muy bien las sinapsis si profundizas más en el tema. Cuando una metáfora deja de funcionar, simplemente puedes deshacerte de ella. Seguro que entonces podrás encontrar una nueva metáfora que te ayude a comprenderlo más a fondo. También puedes emplear distintas metáforas para ayudarte a comprender una sola idea. Esto es justo lo que hemos hecho al decir que un conjunto de neuronas vinculadas es como una red de conexiones cerebrales, o como el camino que deja un ratón en medio del bosque.

Las metáforas te ayudan a entender una nueva idea conectándola a algo que ya sepas. Cuando una metáfora deja de funcionar o se rompe, puedes deshacerte de ella y buscar una nueva.

En nuestro libro encontrarás muchas metáforas: zombis, cadenas, ratones y pulpos. Utilizamos estas metáforas para que puedas entender mejor los conceptos científicos que queremos explicar. Recuerda: las metáforas son sólo una manera práctica para ayudarte a comprender ideas claves. No te preocupes si las metáforas te parecen extrañas. Normalmente, ¡las metáforas más locas suelen ser las más memorables!

Santiago Ramón y Cajal

¿Cómo consiguió Santiago convertirse en un científico tan increíble?

No fue fácil.

El padre de Santiago se dio cuenta de que su hijo necesitaba otra estrategia para aprender. Consiguió que se interesara por la medicina mostrándole cómo eran los cadáveres de primera mano. ¿Y cómo lo hizo? Los dos salían de noche en secreto para buscar cadáveres en los cementerios. (Era la década de 1860. Por aquel entonces, las cosas eran distintas. ¡No intentes hacerlo ahora!).

Santiago empezó a dibujar partes del cuerpo. El hecho de ser capaz de ver, tocar y dibujar lo que estaba aprendiendo consiguió captar su interés.

---

17. Ser sabio es más importante que el dinero. La vida es como una obra de teatro; cada persona interpreta un papel diferente y, hasta cierto punto, actúa.

Santiago decidió convertirse en médico. Volvió a estudiar matemáticas y ciencias, dos asignaturas que había evitado a toda costa cuando era pequeño. Pero esta vez prestó atención. Se esforzó mucho para construir los caminos que necesitaba tener en su cerebro y que no había erigido cuando era más joven.

Finalmente, ¡se convirtió en médico! Le interesaba todo tipo de células, por lo que decidió convertirse en profesor de anatomía patológica. (Es decir, en un profesor experto en distinguir entre tejidos corporales sanos y enfermos. Esto se logra haciendo pruebas, como, por ejemplo, mirándolos bien de cerca con un microscopio). Para poder lograrlo, Santiago tenía que aprobar un examen muy importante. Estudió muchísimo durante un año entero, pero lo suspendió. Así que volvió a estudiar otro tanto durante otro año completo. Pero lo volvió a suspender. Por último, lo aprobó al tercer intento.

Santiago Ramón y Cajal, un adelantado a su tiempo, en una de las primeras *selfies* de la historia tomada en 1870. (Fíjate en que no puedes ver su mano derecha, porque está pulsando el botón para tomar la fotografía). Santiago se preocupaba mucho por la gente joven. Incluso escribió un libro dirigido a ellos titulado *Reglas y consejos para la investigación científica*.

Santiago siguió haciendo hermosos dibujos de todas las neuronas que veía a través del microscopio. Su atlas de neuronas todavía se utiliza hoy en día como punto de partida en los estudios modernos de neuronas.

Pero había un problema. Santiago no era un genio, y él lo sabía. Había ocasiones en las que deseaba ser más inteligente. Se trababa al hablar y se olvidaba con facilidad de los detalles. Pero su investigación con neuronas le demostró que podía volver a entrenar su cerebro. Sus esfuerzos por aprender nuevas materias, como, por ejemplo, matemáticas y ciencias, fueron cambiando gradualmente sus capacidades en esas áreas. Gracias a la práctica constante y pausada fue capaz de crear nuevas conexiones, es decir, cambiar la estructura de su cerebro. ¡Así es como logró dejar de ser un alborotador y se convirtió en un científico famoso!

Las investigaciones científicas actuales confirman los descubrimientos de Santiago. Todos podemos hacernos más inteligentes. Aprender nos hace más inteligentes. Aprender a aprender es una de las mejores cosas que puedes hacer para ponerte manos a la obra y hacer que tu aprendizaje resulte más provechoso. ¡Ésta es la idea más importante de este libro! Así que ¡sigue leyendo!

Más adelante volveremos a encontrarnos con Santiago. Y descubriremos más sobre cómo fue capaz de ser más listo que un genio a pesar de sus capacidades cerebrales supuestamente limitadas.

Excusas habituales al aprender[18]

Es fácil inventar excusas sobre por qué las buenas técnicas de aprendizaje no encajan con nosotros. A continuación, mostramos una lista con las excusas más habituales y con argumentos para poder desmentirlas.

1. No tengo tiempo
Si no te tomas el tiempo suficiente como para trabajar en los ejercicios y poder leer más lenta y atentamente, no lograrás construir nuevas conexiones neuronales, que es la única manera de aprender. Si te limitas a echar un vistazo rápido a la información de un libro, la información seguirá estando sólo en sus páginas, no en tu cerebro. No habrás aprendido nada. Es por eso que es muy importante que te centres mientras haces un Pomodoro, y que releas las páginas, si es necesario. Es lo que te ayudará a aprovechar mejor tu valioso tiempo.

18. Muchas gracias a Elena Benito por las ideas de esta sección (correspondencia por correo electrónico, noviembre de 2017).

2. No tengo una gran imaginación

Puede que inventarte metáforas y dibujos estrafalarios para ayudarte a recordar información nueva te resulte difícil. Quizás pienses que no tienes la misma imaginación que los adultos. ¡Pero eso no es verdad! Cuanto más cerca estés de tu infancia, más imaginación tienes por naturaleza. Sería bueno que pudieras conservar esta imaginación infantil y fortalecerla utilizando tu imaginación para ayudarte a aprender.

3. Lo que estoy aprendiendo no sirve para nada

Por lo general no hacemos flexiones, abdominales o sentadillas en nuestro día a día. Y, sin embargo, estos ejercicios nos benefician muchísimo, ya que nos ayudan a mantener una buena forma física. De igual manera, lo que aprendemos puede ser diferente de lo que hacemos en nuestra vida diaria, pero el hecho de estar aprendiendo algo nuevo nos ayuda a mantener una buena forma mental. Y lo que es más, aprender cosas nuevas es un gran recurso para poder transferir nuevas ideas en nuestra vida utilizando metáforas.

4. Mis profesores son muy aburridos

Tus profesores te enseñan algunos hechos e ideas. Pero eres tú quien debe crear una historia que tenga sentido para ti y que haga que estos conceptos se te queden grabados en el cerebro. Sería todavía más aburrido si los profesores también te hicieran esta parte del trabajo; ¡entonces no tendrías nada que hacer!

Eres una pieza clave dentro del proceso de aprendizaje. Es muy importante que te responsabilices para comprender la nueva información.

Detente y recuerda

Después de leer esta sección de «Detente y recuerda», cierra el libro y mira hacia otro lado. ¿Cuáles son las ideas principales de este capítulo? Escribe tantas ideas como puedas; notarás que tus neuronas se activan mejor y que te resulta más sencillo recordar si escribes activamente.

No te preocupes si no puedes recordar muchas ideas la primera vez que lo intentes. A medida que vayas practicando esta técnica empezarás a notar cambios en cómo lees y en lo mucho que recuerdas. Puede que te sorprenda saber que incluso algunos profesores distinguidos a veces han admitido que les cuesta recordar las ideas clave que acaban de leer.

Marca esta casilla cuando hayas terminado: ❏

¡Ahora te toca a ti!
Crea tu propia metáfora para aprender

Nos gustaría que pensaras en el último obstáculo que te has encontrado mientras estudiabas, ya sea de matemáticas, lengua, historia o química. Intenta crear una buena metáfora para lo que estás aprendiendo. Explica tu metáfora a uno de tus amigos. Recuerda: utilizar una metáfora consiste en conectar una información nueva que estás aprendiendo con alguna información que ya sepas.

Una buena manera de crear una metáfora es agarrar una hoja de papel y empezar a garabatear. Sorprendentemente, ¡hacer dibujos absurdos puede ayudarte a tener ideas muy útiles!

Aquí tienes algunos ejemplos para ayudarte a empezar.

→ Si estás estudiando los electrones, podrías pensar en ellos como pequeñas pelotitas. Los electrones en movimiento crean una corriente eléctrica, igual que las moléculas de agua en movimiento crean una corriente de agua.

→ Podrías imaginarte que la historia tiene muchos afluentes, es decir, diferentes factores, que desembocan en eventos históricos como, por ejemplo, la revolución francesa o la creación del motor.

→ En algebra, podrías imaginar que la «x» es un conejo que sale de su madriguera cuando consigues resolver la ecuación.

Palabras clave relacionadas con la neurociencia

Axón: un axón es como el brazo de una neurona. Puede estirarse hasta la siguiente neurona en una cadena de conexiones neuronales.

Conexiones neuronales: «cadena de conexiones neuronales» es un término que utilizamos en este libro para indicar que las neuronas se convierten en un mismo equipo debido a las frecuentes chispas que se mandan a través del espacio sináptico. Cada vez que aprendes algo nuevo estás creando nuevas conexiones neuronales.

Dendrita: las dendritas son como las piernas de una neurona. Las espinas dendríticas que hay en las dendritas reciben señales de otras neuronas y las pueden transmitir por toda la dendrita hasta el cuerpo de la célula (el ojo de los alienígenas neurona).

Espinas dendríticas: las espinas dendríticas son como los dedos de los pies que sobresalen de la dendrita (la «pierna» de la neurona). Las espinas dendríticas son uno de los extremos de la conexión sináptica.

Modo disperso: utilizamos este término para explicar que hay ciertas partes del cerebro que se vuelven activas mientras estás descansando y no pensando en nada en particular. (Los neurocientíficos lo llaman «red neuronal por defecto», «red de tarea negativa» o «activación neuronal del estado de reposo»).

Modo centrado: empleamos este término para explicar que hay ciertas partes de tu cerebro que se activan cuando prestas mucha atención a algo. Cuando te centras, las partes activas de tu cerebro son en gran parte diferentes a aquellas que se activan en el modo disperso. (En vez de «modo centrado», los neurocientíficos emplean el término «red neuronal orientada a tareas»).

Neuronas: las neuronas son unas pequeñas células que son las piezas fundamentales de tu cerebro. Tus pensamientos están formados por señales eléctricas que se transmiten a través de las neuronas. En este libro, decimos que una neurona tiene piernas (dendritas) y un brazo (axón), casi como si fuera un alienígena del espacio. Las señales eléctricas viajan desde las piernas de una neurona hasta su brazo, que puede transmitirlas a la neurona siguiente de la cadena con una pequeña descarga eléctrica.

Neuroplasticidad: el hecho de que los caminos de tu cerebro puedan cambiar y crecer se llama neuroplasticidad. Es como si tus neuronas estuvieran hechas de una arcilla que puedes moldear. ¡Puedes cambiar tu cerebro a través del aprendizaje!

Sinapsis: una sinapsis es un espacio muy pequeño pero muy especial que hay entre dos neuronas. Las señales eléctricas (tus pensamientos) pueden saltar por este espacio con la ayuda de ciertas sustancias químicas. Cuando decimos que hay una «sinapsis fuerte», nos referimos a que el efecto de la señal que salta por este espacio es más intenso.

EN RESUMEN

→ Las neuronas envían **señales** que se transmiten por el cerebro. Estas señales son tus pensamientos.

→ Las neuronas tienen un aspecto muy característico, casi como si fueran alienígenas del espacio. En un extremo de la neurona hay **dendritas** (que serían las piernas) y, en el otro, un **axón** (que sería el brazo).

→ Las **espinas dendríticas** son como dedos de los pies en las piernas de una neurona.

→ **El axón de una neurona puede enviar una descarga eléctrica a la espina dendrítica de la siguiente neurona.** Así es como una neurona consigue mandar una señal a la siguiente neurona.

→ **La palabra «sinapsis» hace referencia a un espacio muy pequeño pero muy especial donde el axón y la espina dendrítica casi se tocan.** El axón manda una chispa a la espina dendrítica.

→ **Las metáforas son una poderosa herramienta de aprendizaje.** Nos ayudan a reciclar caminos neuronales que ya hemos desarrollado para poder aprender más deprisa.

→ **Si una metáfora ya no te resulta de ayuda, deshazte de ella y crea otra nueva.**

→ En nuestro libro hemos explicado que podemos fortalecer una cadena de conexiones neuronales de dos maneras:
   • **Utilizando mucho una sinapsis,** así la chispa será cada vez más fuerte.
   • **Juntando más neuronas,** por lo que habrá más sinapsis.

→ **Puedes fortalecer tus conexiones neuronales (o caminos de ratones) practicando.**

→ Es muy fácil inventarse excusas para convencerte de que las buenas técnicas de aprendizaje no funcionan. **Es importante que cuestiones estas excusas.**

→ **Incluso los niños que empiezan mal en la escuela pueden dar la vuelta a la tortilla y acabar teniendo éxito.** Recuerda a Santiago Ramón y Cajal, ¡el padre de la neurociencia moderna!

COMPRUEBA SI LO HAS ENTENDIDO

¿Te has quedado con las ideas claves de este capítulo en tu cerebro? Responde a las siguientes preguntas:

1. Las _____ que las neuronas mandan a otras neuronas conforman tus ____. (Llena los espacios en blanco con las palabras más apropiadas).
2. Dibuja una neurona de memoria e identifica sus partes principales. Intenta hacerlo sin mirar el dibujo. Recuerda activamente en vez de tan sólo buscar la respuesta. ¡Esto es lo que hará crecer a tu conjunto de conexiones neuronales!
3. ¿Es el axón quien manda una descarga a la espina dendrítica? ¿O es la espina dendrítica quien envía una descarga al axón? En otras palabras, ¿la señal va del axón a la espina dendrítica? ¿O al revés?
4. ¿Qué tienes que hacer cuando una metáfora se rompe y ya no sirve?
5. ¿Por qué antes los científicos creían que el cerebro estaba compuesto de una sola red neuronal en vez de pensar que había muchas neuronas más pequeñas que se mandaban señales a través de un pequeño espacio?
6. ¿Qué es una cadena de conexiones neuronales?
7. ¿En qué se parecen los pensamientos y un ratón en un bosque?
8. Cuando aprendes algo nuevo, estás creando un nuevo conjunto de ____ en tu cerebro. (Aquí pueden ir muchas palabras distintas).

(Cuando hayas terminado, puedes comparar tus respuestas con las que encontrarás al final del libro).

¿Has hecho el paseo por las imágenes y tienes la libreta lista para empezar el siguiente capítulo? ❏

Capítulo 5

Al otro lado de la mesa del profesor

Hola. Soy Al. Encantado de conocerte. Estoy ayudando a Barb y a Terry a escribir este libro. A veces los profesores utilizan palabras complicadas y frases muy largas. ¡Así que estoy aquí para vigilar cómo escriben!

Tengo cuarenta y dos años, pero este verano estuve sentado en un aula junto a un grupo de estudiantes de dieciséis años haciendo un examen de química. Era el único adulto que estaba haciendo aquel examen. ¿Por qué? ¿Acaso he estado repitiendo esta asignatura durante veintiséis años?...

Voy a explicarlo.

Soy profesor en una escuela de Inglaterra. Es una escuela muy agradable con mucha gente simpática. Seguro que te gustaría. Imparto clases de religión y filosofía. No de química.

De hecho, hasta hace un año, no sabía absolutamente nada de química. De pequeño fui al colegio, pero no me gustaban las ciencias. Eran muy complicadas. Tenías que aprenderte mucha materia. Cuando era más pequeño, las ciencias no me interesaban en absoluto y la escuela me dejó saltarme esa asignatura.

Para mí, los idiomas eran más fáciles y divertidos, así que estudié muchos. Y eso me permitió poder rendirme con las asignaturas que me parecían difíciles, como, por ejemplo, la química.

«Uff», pensé por aquel entonces. Qué descanso. Creía que mi escuela me estaba haciendo un gran favor. Así no tendría que pelearme con una asignatura tan difícil.

Pero desde entonces, muchas veces he sentido que faltaba algo en mi educación.

Hoy con pelo, mañana sin él. Una fotografía mía antes de que comprendiera los átomos.

Parte de mi trabajo actual consiste en observar a otros profesores mientras imparten clase y hablar con ellos sobre su método de enseñanza y cómo mejorarlo. ¿Saben cómo ayudar a los alumnos a comprender algebra, la Primera Guerra Mundial, o cómo chutar una pelota? ¿Cómo deberían lidiar con el niño que no escucha y que no deja de molestar a su amigo con un lápiz?

A lo largo de los años he estado presente en unas cuantas clases de química, y en esas ocasiones siempre me he sentido un poco avergonzado. No comprendía lo que estaban explicando. En esas clases utilizan un lenguaje que yo no comprendía. Sabían mezclar sustancias de las que yo nunca había oído ni hablar.

A veces los alumnos me hacían algunas preguntas durante esas clases de química. Pensaban que, como era un profesor y ellos estaban aprendiendo química elemental, debería poder responderles. Pero nunca fui capaz de ayudarlos, y eso los sorprendía un poco. Al fin y al cabo, si no tenía ni idea sobre los átomos, ¿cómo iba a poder ayudar al profesor de química?

Antes me lo tomaba con humor. Pero en realidad no me sentía bien teniendo un agujero tan grande en mi conocimiento sobre el universo.

Y entonces conocí a Barb. Eso ocurrió hace dos años en Inglaterra. Había venido a mi escuela para explicar su historia. Me pareció realmente inspiradora y muy relevante. Al igual que yo, ella era una persona de letras, pero se había dado cuenta de que podía ampliar sus pasiones. No se había permitido limitarse tan sólo a hacer lo que le gustaba y le parecía más fácil. Nos explicó que podíamos reprogramar nuestros cerebros, cosa que yo no sabía que fuera posible (porque había estudiado muy poca ciencia).

A raíz de aquello, decidí aprender el temario de química que se enseña en secundaria. Y decidí hacerlo siguiendo los consejos de Barb y Terry. Me leí el libro de Barb, *Abre tu mente a los números*, y me apunté al curso en línea de Barb y Terry llamado *Aprendiendo a aprender*. Me enseñaron los mismos consejos y trucos para aprender mejor que ahora te están enseñando a ti con este libro.

Anuncié a toda mi escuela lo que quería hacer. Aquel verano, iba a hacer el examen de química junto con los alumnos de dieciséis años. Y quería que ellos me ayudaran a prepararme.

Por lo general, yo era quien enseñaba a los alumnos. Pero ahora quería que ellos me enseñaran a mí.

El mejor momento para plantar un árbol
fue hace veinte años.
El segundo mejor momento es ahora.

—Se cree que es un proverbio chino

Los estudiantes me ayudaron muchísimo mientras intentaba aprender química.

A los estudiantes de mi escuela les pareció gracioso que quisiera hacerlo. Algunos me preguntaron por qué lo hacía. No necesitaba aprender química para mi trabajo. Les expliqué que simplemente quería aprender más sobre el mundo. Y deseaba compartir con ellos las nuevas lecciones que había aprendido sobre cómo aprender mejor gracias a Barb y Terry. Pensé que todo aquello también podría beneficiarles a ellos. Y estaba convencido de que me haría mejor profesor, porque iba a recordar lo que significa ser estudiante.

Mis alumnos me animaron y me ayudaron muchísimo. No dejaban de preguntarme «¿Cómo llevas la química Al?» cuando se cruzaban conmigo por la escuela. Sus comentarios me impulsaban a hacer un Pomodoro. Me recomendaron páginas web y guías de estudio. Me hacían preguntas sobre los fundamentos químicos. Cuando aparecía por sus clases de química, me invitaban a que fuera su compañero de laboratorio para hacer experimentos. Y tenían mucha paciencia para explicarme hasta las cosas más sencillas cuando me quedaba atascado. Podrían haberse reído de mí, pero no lo hicieron. Los alumnos son grandes profesores.

Seguí los consejos de Barb y Terry tanto como pude. Trabajaba en períodos de veinticinco minutos. Intercalaba deliberadamente sesiones de estudio en modo centrado con descansos en modo disperso. Durante los descansos por lo general salía a pasear a mi perra, Violet. Terry me había comentado lo útil que le había resultado hacer ejercicio. A mí también me fue de gran ayuda. A veces le explicaba conceptos de química a Violet mientas paseábamos. Enseñar a otros es una muy buena manera de aprender, ¡incluso aunque tu alumno sea un perro!

A veces a Violet le costaba un poco entender lo que le estaba contando.

Recordaba activamente toda la información clave. Hacía ejercicios para examinarme después de completar cada sección del libro. Cuando no entendía alguna cosa del libro a la primera, buscaba vídeos explicativos por Internet, pero con cuidado para no distraerme. Si aquello no funcionaba, pedía ayuda a alguno de mis alumnos. Acostumbraban a saber la respuesta y yo sabía que si me la explicaban, ellos también saldrían beneficiados. Era una situación en la que todos salíamos ganando.

Me acordé de ir intercalando, es decir, de ir cambiando de tema. (Pronto aprenderás más sobre eso). Echaba un vistazo a los capítulos del libro de texto antes de empezar a leerlos detenidamente para hacerme una idea de lo que me esperaba. Miré exámenes antiguos para saber qué tipo de preguntas hacían los profesores. Me inventé imágenes alocadas dentro de mi mente para poder recordar hasta las ideas más complicadas. Por ejemplo, una escena en la que lloro porque mi nuevo Porsche se está fundiendo. Esto me ayudaba a recordar que el cloro («lloro») es uno de los elementos que forma el ácido clorhídrico, una de las sustancias más corrosivas y, por lo tanto, peligrosas del laboratorio. A mí me funcionó...

Tuve que hacer algunos sacrificios para lograr aprenderlo todo en un año, el período de tiempo que había prometido a mis alumnos que me daría para conseguirlo. Tengo un trabajo muy exigente, por lo que aproveché las vacaciones y algunos fines de semana para estudiar química. Mi familia creía que estaba loco. Pero a mí me gustaba estar por fin librándome de mi ignorancia. Y me encantaba tener un método que me funcionara. Sentía que estaba progresando.

Cuando llegó el día del examen, estaba seguro de que iba a hacerlo bien, pero no estaba del todo convencido. Había estudiado tanto como había podido durante un año, pero la mayoría de estudiantes habían estado estudiando química durante años antes de hacer aquel examen. Deseaba haber podido practicar incluso más. ¿Estarían los caminos en mi tablero de *pinball* de la memoria lo bastante marcados?

El examen fue justo. Algunas de las preguntas fueron duras, pero en general pude demostrar lo que sabía. Cuando terminé, sentí que había dado lo mejor de mí.

Tuve que esperar ocho semanas para saber mis resultados. Al igual que mis alumnos, el día de las notas estaba muy nervioso. Pero cuando abrí el sobre, ¡me puse muy contento! Había aprobado y con buena nota, y pude decírselo a mis estudiantes sin sentirme avergonzado. Ellos también se alegraron de que hubiera aprobado.

Estoy muy contento de que me decidiera a hacerlo. Aquello me permitió tener unas conversaciones muy interesantes con mis estudiantes sobre el aprendizaje, y también pude compartir las ideas de Barb y Terry con ellos. Tuve la ocasión de recordar lo que significaba ser alumno y tener que enfrentarme a una materia complicada. A menudo los profesores se olvidan de todas estas cosas, ya que son expertos en sus asignaturas. A veces no comprenden por qué a los niños les resulta tan difícil aprender. Es bueno recordar que, normalmente, cuando se empieza a aprender algo nuevo, ¡cuesta mucho! Pero la mejor parte de todo ese proceso fue sentir que estaba compartiendo una experiencia con mis alumnos. Ahora comprendo mejor su mundo, y también el de los átomos. Y he aprendido grandes lecciones sobre cómo juntos podemos convertirnos en mejores estudiantes.

Creo que muchos adultos obtendrían grandes beneficios si hicieran algo parecido a lo que hice yo. Sobre todo los que trabajan con jóvenes o simplemente pasan mucho tiempo con ellos. ¿Por qué no propones a uno de tus profesores que aprenda algo nuevo? ¿O a tu madre o a tu padre? Ofrécete a ayudarlos. Así podrás tener grandes conversaciones con ellos sobre cómo ser un buen estudiante. Y ellos también comprenderán mejor tu mundo.

Detente y recuerda

Levántate y haz un pequeño descanso; ve a buscar un vaso de agua o algo para picotear, o haz ver que eres un electrón orbitando alrededor de una mesa cercana. Mientras te muevas, intenta recordar las ideas principales de este capítulo.

Marca esta casilla cuando hayas terminado: ❑

¡Ahora te toca a ti! Tómate un descanso

Al McConville descubrió que tomarse un descanso en modo disperso entre sus Pomodoros le ayudaba a aprender.

Consigue una hoja de papel y haz una lista con tus actividades favoritas para ayudarte a entrar en modo difuso durante tus descansos. Si lo deseas, pídele a un amigo que haga lo mismo. Luego, comparad vuestras listas.

EN RESUMEN

→ **Puedes aprender cualquier materia nueva que nunca creíste que podrías aprender.** ¡Incluso puedes hacerlo cuando seas adulto!

→ **Aprender una nueva materia puede empoderarte.**

→ **Utiliza técnicas como, por ejemplo, la del Pomodoro y la de recordar activamente, y asegúrate de hacer ejercicio** para incrementar tu aprendizaje (¡pronto aprenderás más sobre eso!).

→ **Busca otras explicaciones en Internet** si no entiendes la primera explicación.

→ **Pide ayuda a otras personas cuando estés atascado.**

→ **No tengas miedo de ir a un nivel para principiantes,** incluso aunque seas mayor que los demás alumnos de la clase.

¿Te has dado un paseo por las imágenes, has intentado contestar las preguntas al final del siguiente capítulo y tienes la libreta lista para empezar el próximo capítulo? ❑

Capítulo 6

Aprender mientras duermes

Cómo despertarte siendo más inteligente

¿No te encantaría que mejoraran tu cerebro? ¿Que le actualizaran el *software*? ¿Que reforzaran sus conexiones neuronales?

Pues ¿sabes qué? En realidad, eso ocurre cada noche.

La investigadora científica Guang Yang y el equipo con el que trabaja han realizado importantes descubrimientos sobre el aprendizaje.

El poder del sueño

La investigadora científica Guang Yang[1] estudia las neuronas. A Guang le interesa hacer descubrimientos, igual que a Santiago Ramón y Cajal, sobre quien hemos hablado en el capítulo 4. Concretamente, le interesa saber cómo aprendemos. Guang se preguntó si las neuronas cambiaban cuando aprendemos algo nuevo. Si las neuronas, en efecto, cambiasen cuando aprendemos, esto podría darnos alguna pista sobre cómo aprender mejor.

---

1. «Guang» rima con «flan», y «Yang» se pronuncia «i-ONG». *(N. de los A.)*

Guang descubrió que, en efecto, las neuronas cambian. Y que los mayores cambios ocurren después de que aprendamos algo nuevo y nos acostemos.

Mediante unas técnicas punteras, Guang pudo fotografiar una neurona viva. Las fotografías inferiores muestran parte de una dendrita. Puedes observar las espinas dendríticas (los dedos de los pies) que crecen en la dendrita.

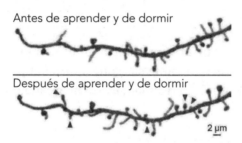

Antes de aprender y de dormir

Después de aprender y de dormir

2 μm

Estas dos imágenes muestran una neurona antes de aprender y de dormir (superior) y después de hacerlo (inferior). Las flechas de la fotografía inferior señalan las nuevas espinas dendríticas que han crecido durante las horas de sueño. Fíjate en que algunas espinas han desaparecido. ¿Qué les ha ocurrido? (Pista: ¡atento a la explicación de la aspiradora sináptica unas páginas más adelante!).

Durante el día, a medida que vamos aprendiendo, empiezan a aparecer unos pequeños bultos en las dendritas. ¡Pero cuanto más crecen las espinas es mientras dormimos![2] Las flechas de la fotografía superior señalan las nuevas espinas dendríticas que Guang encontró a la mañana siguiente.

Estas espinas dendríticas forman conexiones sinápticas con los axones de otras neuronas. ¡Guau! ¡Esto significa que las conexiones neuronales se consolidan mientras dormimos! Una neurona puede incluso conectarse con otra neurona a través de varias sinapsis, creando así conexiones neuronales incluso más fuertes.

---

2. Yang *et al.*, 2014.

Mientras dormimos, el cerebro practica lo que ha aprendido durante el día. Se pueden ver las señales eléctricas viajando una y otra vez a través de la misma cadena de neuronas. Es como si mientras estuviéramos durmiendo, los alienígenas del espacio aprovechasen para pasarse unas descargas eléctricas amigables y tranquilizadoras. O también puedes imaginar que tu pequeño ratón mental se pasa las noches recorriendo una vía neuronal una y otra vez. Esta especie de entrenamiento nocturno que ocurre mientras dormimos parece ser lo que permite que las espinas dendríticas se hagan más grandes.

Cuando las espinas dendríticas crecen y se ensanchan, las sinapsis se fortalecen (es decir, pueden mandar una señal más poderosa). Tus conexiones neuronales se vuelven un poco más fuertes y robustas.

El hecho de concentrarse intensamente durante el día para aprender algo nuevo estimula a que se empiecen a formar nuevos bultos dendríticos. (Aquí es donde entra la técnica de recordar activamente, ya que es lo que ayuda a crear estos primeros bultos). Luego, mientras duermes durante la noche, esos pequeños bultos se transforman en espinas dendríticas.

Las nuevas espinas dendríticas tienen conexiones sinápticas con las nuevas neuronas. Tal y como hemos mencionado antes en este capítulo, cuantas más de estas conexiones tengas y más fuertes sean, más potentes serán tus conexiones neuronales. Esto significa que te resultará mucho más sencillo pensar en lo que estás aprendiendo. Es como si pudieras llevar tus pensamientos en un vehículo por una agradable carretera tranquila en vez de por un callejón embarrado y lleno de baches.

Por cierto, el mero hecho de estar leyendo esta página del libro ya te está ayudando a formar nuevas espinas dendríticas. ¡Tu cerebro cambia a medida que aprendes!

Pero debemos añadir un dato curioso. Las espinas dendríticas son como una especie de detectores de mentiras. Sólo empezarán a crecer nuevas espinas y sus respectivas sinapsis si realmente estás centrándote en la nueva información que quieres aprender. No hay manera de engañarlas. Las espinas dendríticas saben muy bien si has estado jugando a videojuegos o escribiendo a tus amigos en vez de estudiar.

De hecho, incluso aunque lleguen a formarse nuevas espinas dendríticas y sinapsis, pueden desvanecerse y desaparecer con facilidad si no practicas con ellas. Si no las utilizas, puedes perderlas.

Es como si hubiera un conserje sináptico que barriera las espinas dendríticas que no utilizas. Con las nuevas tecnologías de imagen, ¡podemos ver cómo desaparecen las espinas dendríticas! Observa con detenimiento las fotografías de la página 88 e intenta encontrar una espina dendrítica en la parte derecha que no ha superado la noche. (¡Enhorabuena si la hallas!).

Un barrido sináptico para barrer las espinas dendríticas.

Es por eso que aunque entiendas algo cuando tu profesor lo explica en clase, si luego dejas pasar varios días antes de revisar lo que dijo, al final no lo comprenderás en absoluto. Entonces no te quedará más remedio que volver a centrarte en esas ideas desde cero. Tendrás que volver a empezar todo el proceso de crecimiento de las dendritas, aunque ya lo hubieras empezado a hacer antes. Si vas espaciando la práctica, recordarás esas ideas durante mucho más tiempo.

¡Ahora te toca a ti!
Comprueba tus conexiones sinápticas

No tenemos neuronas únicamente en nuestro cerebro. También las tenemos en otras partes del cuerpo. De hecho, puedes ver tus neuronas y tus sinapsis en acción. Prueba con este experimento.

Siéntate al borde de una cama y deja que tus pies queden colgando. A continuación, golpéate con cuidado la rodilla justo por debajo de la rótula. (No funcionará si no golpeas justo en el lugar indicado).

Ten cuidado de no golpearte muy fuerte, sólo lo justo para que tu rodilla se mueva de manera automática. Esto se llama «reflejo». Cuando nos damos un golpe debajo de la rodilla, provocamos que se tense un músculo que hay encima de la rodilla. Este músculo manda una señal a través de una neurona sensorial que viaja a través de la médula espinal. Allí, la señal salta por una sinapsis hasta una neurona motora que hace que se mueva tu músculo. La potencia de la sinapsis (es decir, la potencia de la señal que cruza el espacio entre las neuronas) determina lo mucho que se moverá la pierna. Una cadena de sinapsis fuertes hará que tu pierna se mueva con rapidez, pero una cadena de sinapsis débiles hará que no se mueva tanto. Esto es lo que los médicos comprueban cuando te golpean en la rodilla. (No te preocupes si no consigues hacer que tu pierna se mueva; hay personas que simplemente no responden cuando les golpean en la rodilla, y no pasa nada).

Hay muchos tipos de reflejos diferentes. Si alguien hace un sonido fuerte delante de tu cara, vas a parpadear. Si aprietas tus dedos contra la palma de la mano de un bebe, los agarrará. Lo que tienen de bueno la mayoría de los reflejos es que te ayudan a proteger tu cuerpo. Por ejemplo, si tocas un fogón caliente, tus reflejos reaccionarán con rapidez para evitar que te quemes. La información sólo tiene que viajar desde el músculo hasta la médula espinal y volver, no hace falta que vaya hasta el cerebro. ¡Llegar hasta el cerebro requiere mucho tiempo! Cuando pones la mano sobre un fogón caliente, lo que quieres es sacarla lo antes posible, no pararte a pensar qué debes hacer.

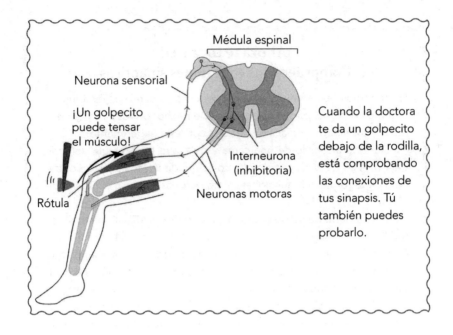

Médula espinal

Neurona sensorial

¡Un golpecito puede tensar el músculo!

Rótula

Interneurona (inhibitoria)

Neuronas motoras

Cuando la doctora te da un golpecito debajo de la rodilla, está comprobando las conexiones de tus sinapsis. Tú también puedes probarlo.

Pon en práctica la recuperación espaciada: cómo conseguir que lo que aprendes sea tan sólido como un muro de ladrillo

Para recapitular, cuanto más aprendas, practiques y duermas, más espinas dendríticas y conexiones sinápticas nuevas crecerán. Conexiones más fuertes y un mayor número de conexiones. ¡Guau! ¡Qué estructura de aprendizaje más sólida!

Las buenas estructuras de aprendizaje son como sólidos muros de ladrillo. Crecen paso a paso y se vuelven cada vez más fuertes. Si cada día dedicas un tiempo a aprender un tema en particular durante varios días, podrás ir intercalando varios períodos de sueño. Esto te dejará más tiempo para que las nuevas conexiones sinápticas crezcan y te ayudará a que las nuevas ideas aprendidas queden bien arraigadas.[3] Tu ratón mental recorre las vías neuronales una y otra vez, y las sigue recorriendo de noche mientras duermes. (¡Re-

---

3. Carpenter *et al.*, 2012; Vlach y Sandhofer, 2012.

cuerda que los ratones tienden a ser criaturas nocturnas!). ¡La práctica hace que los caminos sean permanentes o por lo menos mucho más fuertes!

Si dejas que el mortero entre las capas de ladrillos se seque mientras duermes, lograrás construir unos cimientos neuronales sólidos. Puedes verlo representado en el dibujo superior. Si no dejas que las capas se sequen y construyes el edificio (tu aprendizaje) en un solo día, el muro acabará siendo un desastre total. Puede ocurrirte lo mismo en tus estudios si lo pospones todo y empollas en el último minuto.

«Empollar» significa que has procrastinado y que tienes que estudiar en el último minuto. **Ahora puedes ver por qué procrastinar es una mala idea. Si dejas el trabajo para el último momento, tendrás menos tiempo para repetir las ideas y menos noches de sueño para hacer crecer las sinapsis, por lo que no podrás recordar bien todos los detalles.** También tendrás menos tiempo para conectar tus nuevas ideas con otras ideas.

Algunos estudiantes procrastinan a la inversa. Por ejemplo, si les ponen deberes que tienen que entregar el viernes, puede que los hagan todos el lunes para quitárselos de encima. La procrastinación inversa es genial, pero conviene complementarla repasando un poco de vez en cuando antes de entregar los deberes para dar a tu cerebro la oportunidad de fortalecer las conexiones creadas.

Queremos volver a enfatizar que cuando estudias algo nuevo, tienes que repasar pronto lo que hayas aprendido antes de que las espinas dendríticas y las conexiones sinápticas empiecen a desaparecer. Si las espinas dendríticas y las conexiones sinápticas desaparecen, tendrás que volver a empezar el proceso de aprendizaje desde cero. Construye sobre lo que ya has aprendido. Repasa tus notas. Explícaselas a un amigo. Hazte fichas. Puedes ir consultándolas cada vez menos a menudo a medida que se te dé mejor recuperar esa información.[4] Para almacenar información en la memoria, es preferible tener varias sesiones de práctica durante varios días que hacer una sola sesión de práctica muy larga.

Recuerda: no te limites a buscar la respuesta. Extráela de tu mente (con la técnica de recordar activamente), y busca la respuesta tan sólo cuando sea del todo necesario. El hecho de extraer activamente la información de tu cerebro es lo que estimula el crecimiento de nuevas espinas dendríticas. Si te limitas a mirar la respuesta no servirá de nada.

Si cada día practicas las nuevas ideas aprendidas, tu cadena de conexiones neuronales se tornará más gruesa y fuerte.

---

4. Karpicke y Bauernschmidt, 2011.

Voy a poner un ejemplo. Imagínate que hay una niña intentando aprender el nombre de las distintas partes del cerebro. Tal y como puedes ver en el calendario de la página anterior, aprendió esas palabras por primera vez el sábado, pero entonces no se las sabía muy bien. Luego siguió practicando el domingo y el lunes, y las conexiones empezaron a hacerse más fuertes. Después de estudiarlas durante tres días seguidos, las nuevas palabras empezaron a arraigarse, por lo que pudo tomarse el día libre. Pero las conexiones verbales todavía no estaban del todo fijas. El martes por la noche, las nuevas palabras que había aprendido ya estaban empezando a desvanecerse. Pero consiguió afianzarlas repasando de nuevo el miércoles. El viernes decidió hacer un último repaso para asegurarse de que los caminos de estas palabras en su cerebro estuvieran realmente claros. Así, seguro que estará en plena forma para el examen del lunes.

Recordar es una de las maneras más efectivas de reforzar lo aprendido.

En cambio, hay otra persona que intenta aprendérselo todo el lunes por la mañana antes del examen. Incluso aunque esté varias horas estudiando, no tendrá tiempo de dormir después de aprender para dejar que las sinapsis empiecen a formarse. Las vías de su cerebro no empezarán a crecer hasta que no se vaya a dormir el lunes por la noche. Por desgracia, el examen ya habrá pasado; será demasiado tarde. El conserje sináptico pronto limpiará ese débil camino. ¡Menudo desperdicio!

Y lo que es todavía peor, después de empollar para un examen, es muy fácil pensar «No voy a usar esta información nunca más». Así que no la practicarás nunca más. Cuando no practicas algo que acabas de aprender, es fácil que las aspiradoras de tu cerebro aspiren esas espinas dendríticas recién creadas. Las nuevas conexiones que estabas intentando crear acabarán desapareciendo.

Si no practicas con las nuevas ideas que estás aprendiendo, tu barrido sináptico las barrerá, ¡o incluso las aspirará!

Es importante que recordemos una idea clave; hay personas que necesitan practicar y repetir más que otras para aprender un nuevo concepto. ¡Y no pasa nada! Por ejemplo, normalmente yo tengo que practicar mucho, mucho y mucho más que otras personas. Para mí es la única manera de aprender nueva información. Sin embargo, mi coautor Terry entiende las nuevas ideas y conceptos mucho más deprisa que yo. Nuestro tercer coautor, Al, aprende algunas cosas muy con mucha rapidez y otras muy despacio. Pero a pesar de que cada uno de nosotros aprende de manera diferente y a velocidades distintas, todos tenemos algo bueno que aportar al mundo del aprendizaje. Así que no te sientas mal si necesitas más tiempo para aprender que tus amigos. Puedes aprender la información igual de bien que ellos, ¡a veces incluso mejor!

Es posible que tengas que estudiar y estar al día de muchas asignaturas diferentes. No pasa nada. Cada vez que comiences a estudiar una asignatura, dedícale toda tu atención mientras la estés estudiando. No pienses en las otras cosas que tienes que hacer. Cuando luego te pongas a trabajar en la siguiente asignatura, dedícale toda tu atención. Tener que estar al día de muchas materias diferentes a veces puede parecer difícil, pero también te ayudará a ser más flexible a nivel mental. Puedes crear nuevas cadenas de conexiones neuronales y practicar cómo usarlas con un gran número de asignaturas diferentes cada día. Tu cerebro tiene tanto espacio que podría guardar una galaxia entera, por lo que aunque lo intentes nunca conseguirás llenarlo del todo con nuevas ideas y conceptos.

Es hora de continuar. ¡En el siguiente capítulo aprenderemos sobre el pulpo de la atención de tu cerebro!

Detente y recuerda

Prueba a hacer este ejercicio para recordar activamente cuando estés con algún familiar, amigo o compañero de clase. Explícale los conceptos más importantes que estás aprendiendo en este libro o en una de tus clases. Tener que enseñar una nueva idea a otra persona te obligará a verla desde otra perspectiva. Al explicarla de nuevo, harás que los demás también se entusiasmen por aprender. Asimismo te ayudará a fortalecer las conexiones neuronales de tu mente, por lo que te acordarás mejor de esa idea en las semanas y meses venideros. Incluso aunque lo que estés estudiando sea complicado, tener que simplificarlo para poder explicárselo a otra persona puede ayudarte a fortalecer tu comprensión.[5]

Marca esta casilla cuando hayas terminado: ❏

5. A veces esta técnica se llama «técnica Feynman» en honor al brillante y divertido físico Richard Feynman. A continuación, te dejamos un vídeo de un amigo de Barb llamado Scott Young (¡un aventurero del aprendizaje!) sobre esta técnica: www.youtube.com/watch?v=FrNqSLPaZLc *(N. de los A.)*

¡Ahora te toca a ti!
Repite lo que has aprendido después de haber dormido

La próxima vez que estés aprendiendo algo que te resulte más bien difícil, prueba a hacer este experimento.

Practica varias veces durante el primer día e intenta extraer de tu mente toda la información nueva que hayas aprendido después de haber estudiado. Cuesta un poco hacerlo, ¿no?

A continuación, acuéstate e intenta extraer las nuevas ideas de tu mente al día siguiente. ¿Te has dado cuenta de que ahora es mucho más sencillo?

Si lo intentas durante varios días seguidos, pronto te darás cuenta de que cada vez te resultará más sencillo pensar en estas nuevas ideas. Serás capaz de extraerlas rápidamente de tu mente siempre que necesites hacerlo.

EN RESUMEN

→ Cada vez que aprendes una información nueva empiezan a formarse nuevas espinas dendríticas y sinapsis. Pero **las espinas dendríticas y las sinapsis crecen sobre todo después de una sesión de estudio en la que hayas estado concentrado,** mientras duermes esa misma noche.

→ **Dormir proporciona el mortero que solidifica los muros de tu aprendizaje.**

→ Las espinas dendríticas y las sinapsis crecerán todavía más si sigues practicando lo que has aprendido. **Cuantas más veces mandes un pensamiento por tus vías neuronales, más permanente será.** Así es como se crean las redes de conexiones neuronales.

→ **No empolles.** Espacia tu aprendizaje durante varios días. Así tendrás más noches para dormir y para hacer crecer más espinas dendríticas y sinapsis. Acabarás absorbiendo todo el temario del examen.

→ **Todos aprendemos a un ritmo distinto.** No te sientas mal si hay una persona más rápida que tú. Así es la vida. Sencillamente tendrás que dedicar más tiempo a tus estudios. Además, pronto descubrirás que ser un estudiante más bien lento comporta ciertas ventajas especiales.

COMPRUEBA SI LO HAS ENTENDIDO

1. ¿Por qué dormir es tan importante para aprender?
2. ¿En que se parecen las espinas dendríticas a un detector de mentiras?
3. ¿Qué le ocurre a una sinapsis cuando practicas una nueva idea?
4. ¿Por qué es bueno que espacies tu aprendizaje?
5. Explica la metáfora del muro de ladrillos en voz alta a solas o con un amigo.
6. Nombra una sola cosa que harías diferente después de leer este capítulo.

(Cuando hayas terminado, puedes comparar tus respuestas con las que encontrarás al final del libro).

¿Te has dado un paseo por las imágenes, has intentado contestar las preguntas al final del siguiente capítulo y tienes la libreta lista para empezar el próximo capítulo? ❏

Capítulo 7

Mochilas, taquillas y tu pulpo de la atención

Imagínate un pulpo de la atención que, cuando estira los brazos desde tu mochila, llega hasta la taquilla que tienes en la escuela.[1] ¿Te parece raro? Sígueme la corriente.

Tu **mochila** es probablemente mucho más pequeña que tu taquilla. Eso es algo bueno; necesitas poder llevar la mochila a cuestas. (¿Alguna vez has intentado levantar una taquilla? No lo hagas). Pero las mochilas tienen un inconveniente, y es que no puedes guardar tantas cosas como en una taquilla.

Las **taquillas** suelen ser más grandes que las mochilas. Pueden almacenar muchas más cosas. Tienes espacio para decorar la puerta y el interior de la taquilla. Pero la taquilla también tiene un inconveniente. No la tienes siempre cerca, tienes que ir hasta el final del pasillo para agarrar tus cosas.

---

1. Vale, quizás no tengas una taquilla en la escuela. O quizás sí que tienes una pero es muy pequeña. En cualquier caso, síguenos la corriente y haz ver que tienes una taquilla bien grande cerca de ti en la que puedes poner todo lo que quieras. (*N. de los A.*)

Mochilas contra taquillas. ¿Cuál deberías usar?

¿Por qué estamos hablando de mochilas y taquillas?

Lo has adivinado. Son metáforas. Tu cerebro almacena información de forma parecida a como tú guardas objetos en una mochila y una taquilla. Para ello, tu cerebro utiliza dos sistemas diferentes: la **memoria de trabajo** y la **memoria a largo plazo**.[2]

Tu memoria de trabajo es como tu mochila. Es pequeña. No caben muchas cosas. Y, además, puede que se te caiga algo por el camino. Pero es muy útil. Cabe todo lo que estás utilizando ahora mismo. Por eso se llama memoria de trabajo.

Tu memoria a largo plazo es como tu taquilla. Está en un segundo plano, al final del pasillo. En la taquilla puedes almacenar más información que en la mochila. Pero a veces hay tantas cosas dentro de tu taquilla que es difícil encontrar lo que estás buscando.

---

2. Uno de los mejores libros basados en investigaciones sobre la memoria es el de Baddeley *et al.*, 2009.

Memoria de trabajo: presentando a tu pulpo de la atención

Vamos a explorar tu mochila mental, es decir, tu memoria de trabajo. Imagina que en tu mochila vive un pequeño y simpático pulpo de la atención. Este pulpo es lo que te permite retener ideas en tu mente. Tu pulpo produce unas pequeñas chispas eléctricas en los extremos de cada uno de sus brazos. Eso le ayuda a poder comunicarse con las neuronas.

El pulpo de la atención es otra metáfora. Como sabes, las metáforas son una muy buena manera de aprender.

Tu pulpo de la atención, es decir, tu memoria de trabajo, vive en la parte frontal del cerebro. Esta área se llama «corteza prefrontal» y está justo encima de tus ojos.

Tu pulpo de la atención vive en tu mochila mental, es decir, en tu memoria de trabajo. Tiene cuatro brazos con los que puede retener la información con la que estás trabajando.

Tu pulpo de la atención te ayuda a retener información en la memoria de trabajo. Es el que lidia con la información que tienes en tu mente en un instante concreto. Por ejemplo, imagina que te presentan a tres personas: Jon, Meg y Sara. Tu pulpo retendrá estos nombres en tu mente agarrándolos con sus brazos.

Pero espera. ¿Se llamaba Sara? ¿O Sally? A veces los brazos de tu pulpo pueden ser resbaladizos y puede que se le caiga parte de la información. Es por eso que a veces repetimos algo que queremos recordar temporalmente. Como, por ejemplo, los nombres de otras personas: «Sara, Sara, Sara». O números de teléfono, o una lista de tareas que tu madre acaba de pedirte que hagas. Estás ayudando a tu pulpo a retener esa información. Quizás hasta que puedas anotarlo. (De hecho, ¡anotar algo es una muy buena manera de ayudar a tu pulpo a retener información!).

Tu pulpo de la atención es un poco distinto de los pulpos normales. Para empezar, es eléctrico. Y sólo tiene cuatro brazos, por lo que sólo puede retener unos cuatro conceptos a la vez. Los psicólogos afirman que hay cuatro «huecos» en la memoria de trabajo. Pero a mí me parece una mejor metáfora pensar en los brazos de un pulpo.[3]

Aquí tienes un ejemplo de una lista mental: «Sacar a pasear al perro, limpiar la habitación, molestar a mi hermano, hacer los deberes». Si intentas añadir más tareas, es posible que te olvides de ellas. Tu pulpo no tiene suficientes brazos.

Cuando no estás centrado en nada en concreto, tu pulpo suelta la información que tenía agarrada y se queda dormido. Se queda esperando a que lo despiertes y a que lo pongas de nuevo a trabajar.

Si no estás centrado en nada en concreto, tu pulpo de la atención suelta la información y se queda dormido.

¿Cómo puedes despertar a tu pulpo de la atención? Pues centrándote en alguna otra información. ¿Alguna vez te has olvidado

---

3. Cowan, 2001. Así que, técnicamente, estamos hablando de un pulpo de cuatro brazos, no de ocho.

de un nombre justo después de oírlo? Eso significa que no estabas centrado. Si el pulpo está dormido, no puede captar información.[4]

Los retos mentales, como, por ejemplo, hacer este puzle o resolver un problema matemático, consiguen mantener muy ocupado a tu pulpo de la atención.

Cada vez que aprendes algo nuevo, tu memoria de trabajo se llena de actividad eléctrica.[5] Tu pulpo se pone a trabajar a toda máquina y se le enredan todos los brazos. Aquí debajo tienes un dibujo de tu pulpo de la atención cuando estás centrado en aprender algo difícil, como, por ejemplo, un ejercicio de física, una nueva idea en biología o traducir una frase del alemán.

¡Cuando aprendes algo nuevo, tu pulpo de la atención comienza a trabajar a toda máquina!

Todo el mundo tiene un pulpo de la atención, aunque todos son diferentes entre sí. La mayoría tienen cuatro brazos, pero algunos pueden llegar a tener cinco o incluso más. Este tipo de pulpos pue-

---

4. Por cierto, tu pulpo de la atención se duerme cuando entras en modo disperso. Sin embargo, mientras está dormido, sus brazos pueden seguir dando descargas aleatorias y creando nuevas conexiones. ¡De aquí viene la creatividad! (N. de los A.)

5. Qin et al., 2014.

den retener más información en su mente. En cambio, algunos pulpos sólo tienen tres brazos, por lo que no pueden retener tanta información. Algunos pulpos tienen brazos que pueden agarrar con fuerza, así que la información se les adhiere con más facilidad. En cambio, otros pulpos tienen brazos más resbaladizos, por lo que a veces se les cae alguna información.[6], [7] Y tú, ¿qué tipo de pulpo tienes? No te preocupes si crees que tu pulpo tiene menos de cuatro brazos. O si tiene brazos resbaladizos. Puede que de buenas a primeras eso te parezca una desventaja, pero en algunas circunstancias puede resultarte muy útil.

Sea como sea tu pulpo, siempre llegará un punto en el que se canse. Sólo pueden retener la misma información durante unos pocos momentos, quizás entre diez y quince segundos. Luego, la información se les empieza a resbalar a no ser que te concentres o que la repitas para retenerla en tu mente. Si quieres recordar alguna información durante mucho tiempo, tendrás que guardarla en otra parte. En algún lugar más seguro que la memoria de trabajo. Pero ¿dónde?

Taquilla de la memoria a largo plazo

Afortunadamente, tu cerebro tiene otro sistema de memoria, la memoria a largo plazo. Es como si fuera una taquilla. Y en ella puedes almacenar muchísima más información que en tu mochila. Parece algo extraído de una serie de televisión de ciencia ficción; es pequeña por fuera, pero es más grande por dentro. Nunca llegarás a llenarla del todo. Ahí tienes almacenadas las caras de tus amigos, tus chistes favoritos, el mapa de tu escuela. Y muchos hechos y conceptos. Cualquier cosa que recuerdes de tu pasado está almace-

---

6. A medida que la gente se hace mayor, cuando tiene sesenta años o más, el agarre de sus pulpos puede aflojarse. Pero tal y como verás en el capítulo 14, los videojuegos de acción pueden ayudar a volver a tener un agarre más fuerte. ¡Las investigaciones han demostrado que los videojuegos pueden hacer que una persona de sesenta años recupere su capacidad de atención de cuando tenía veinte años! (N. de los A.)

7. Anguera et al., 2013.

nada en tu memoria a largo plazo. ¿En qué parte de tu cerebro se encuentra la memoria a largo plazo? En realidad no se halla en una sola zona igual que tu memoria de trabajo. Está mucho más esparcida.

Cada dato informativo es una cadena de conexiones neuronales. Los datos informativos más simples crean cadenas de conexiones neuronales más cortas. En cambio, los datos informativos más complicados están formados por cadenas de conexiones neuronales más largas y complejas.

Pero ¿cómo podemos guardar una información nueva en la memoria a largo plazo? ¿Cómo se crean nuevas conexiones neuronales? ¿Hay algún truco para poder recordar con más facilidad?

¡Sí que los hay! Vamos a empezar a aprender algunos de estos trucos en el siguiente capítulo.

Detente y recuerda

¿Cuáles son las ideas principales de este capítulo? No te preocupes, casi nadie es capaz de recordar muchos detalles. Te sorprenderás de lo rápido que puedes llegar a aprender si consigues introducir todas las ideas principales en unas pocas cadenas de conexiones neuronales clave.

Marca esta casilla cuando hayas terminado: ❑

¡Ahora te toca a ti! Escenifica tus propios recuerdos

¿Te acuerdas de la metáfora de Shakespeare «El mundo es un escenario»? ¡Crea tu propia obra de teatro sobre una mochila, una taquilla y un pulpo de la atención! Puedes practicar las escenas delante del espejo. O mejor aún, puedes representar tu obra de teatro con tus amigos. Aprovecha esta obra de teatro para explicar los distintos tipos de sistemas de memoria que existen y qué relación tienen con el pulpo de la atención y las conexiones neuronales para organizar mejor lo que estás aprendiendo.

EN RESUMEN

→ Tienes **dos sistemas de memoria:** la memoria de trabajo y la memoria a largo plazo.

→ La **memoria de trabajo** es aquello en lo que estás pensando conscientemente en cualquier momento dado.

→ La memoria de trabajo se encuentra en tu corteza prefrontal.

→ Imagina que tu memoria de trabajo es como un simpático pulpo de la atención, que normalmente tiene cuatro brazos. **El hecho de que sólo tenga cuatro brazos explica por qué tu memoria de trabajo sólo puede mantener una cantidad de información limitada.**

→ La **memoria a largo plazo** está esparcida por todo tu cerebro. Puedes acceder a ella con los brazos de tu pulpo de la atención. Tu memoria a largo plazo tiene una capacidad de almacenaje casi infinita. Pero aprender a utilizarla requiere práctica y constancia.

COMPRUEBA SI LO HAS ENTENDIDO

Comprueba si has entendido este capítulo respondiendo a las preguntas siguientes. Si recuerdas y explicas a otros tus nuevos conocimientos, conseguirás cimentarlos mejor en tu cerebro. (Acuérdate de que si buscas las respuestas al final del libro en vez de intentar recordarlas primero en tu mente no te servirá de nada).

1. ¿En qué se parecen la memoria de trabajo y una mochila?
2. ¿En qué parte del cerebro vive tu pulpo de la atención?
3. ¿Cuántos datos informativos puede retener normalmente la memoria de trabajo?
4. ¿En qué se parecen la memoria a largo plazo y una taquilla?
5. ¿En qué parte del cerebro se encuentra tu memoria a largo plazo?

(Cuando hayas terminado, puedes comparar tus respuestas con las que encontrarás al final del libro).

¿Te has dado un paseo por las imágenes, has intentado contestar las preguntas al final del siguiente capítulo y tienes la libreta lista para empezar el próximo capítulo? ❏

Capítulo 8

Trucos geniales para reforzar tu memoria

De pequeño, Nelson Dellis era un niño completamente normal. Se olvidaba de los cumpleaños, de lo que tenía que comprar y de los nombres de las personas que acababa de conocer. Si se trataba de algo poco memorable, él lo olvidaba. Un día, cuando su padre llegó a casa, se encontró un perrito caliente quemándose en la cocina. Nelson se había olvidado por completo de que estaba cocinando.

Pero años más tarde, a la edad de treinta y un años, Nelson participó en el campeonato de memoria de Estados Unidos. Había llegado hasta la final de la competición. Sus feroces competidores lo habían derrotado aquella misma mañana y habían hasta pulverizado récords mientras memorizaban rápidamente cartas y números. Nelson también acababa de establecer un nuevo récord en memorización de nombres (201 nombres en quince minutos). Sin embargo, seguía ocupando una de las últimas posiciones. Aquella tarde necesitaba toda su experiencia en memorizar para tener alguna esperanza de ganar en la ronda final. Tenía que memorizar dos barajas de cartas (¡104 cartas!) en el orden correcto.

¿Acaso era posible que Nelson se convirtiera en el campeón de memoria de Estados Unidos?

¿Acaso es posible pasar de ser una persona olvidadiza normal a un atleta de la memoria?

Nelson Dellis pasó de tener una memoria normal a convertirse en un extraordinario experto en memoria. ¿Cómo lo consiguió?

Profundizar un poco más en la memoria a largo plazo

Ya hemos aprendido mucho sobre el pulpo que vive en tu mochila mental. Es decir, sobre tu memoria de trabajo. En esta sección, queremos profundizar un poco más sobre lo que ocurre en tu taquilla. En otras palabras, lo que ocurre en tu memoria a largo plazo.

Tu memoria a largo plazo tiene dos partes:

1. Un tubo de pasta de dientes que hay en un estante de tu taquilla.
2. El resto de tu taquilla.

¿Qué? ¿Un tubo de pasta de dientes frente al resto de la taquilla?

Éstas son las metáforas que vamos a utilizar para hablar de las dos partes de la memoria a largo plazo. Quédate con esta idea clave. Conseguir poner algo dentro de un tubo de pasta de dientes es muy difícil. (¿Lo has probado alguna vez?). Pero, en cambio, es muy sencillo pegar una fotografía en las paredes de dentro de una taquilla.

El tubo de pasta de dientes representa la parte donde se almacenan los hechos dentro de tu taquilla, es decir, de tu memoria a largo plazo. ¡Es muy difícil poner algo dentro de un tubo de pasta de dientes!

De la misma manera que tu pulpo de la atención puede sacar información de la memoria a largo plazo, también pude introducir en ella información nueva. El pulpo decidirá dónde poner la información según sea un hecho o una imagen.[1], [2] Para tu cerebro, los

---

1. Los psicólogos llaman a estas categorías «memoria semántica» (hechos) y «memoria episódica» (imágenes). *(N. de los A.)*

2. Esta nota está dirigida a los estudiantes más avanzados que tengan una mejor comprensión del cerebro. Quizás te preguntes cuál es realmente la diferencia biológica entre la memoria semántica y la episódica. La mejor explicación que podamos darte por ahora es que parece ser que la memoria semántica está relacionada con la corteza frontal y temporal, mientras que la memoria episódica parece estar relacionada, por lo menos inicial-

hechos son como la pasta de dientes. Son difíciles de guardar. Si la información que quieres conservar es un hecho, tu pulpo intentará meterlo dentro del tubo de pasta de dientes. Como puedes imaginarte, ¡cuesta mucho de hacer! Sin embargo, si la información es una imagen, tu pulpo sólo tendrá que colgarla en las paredes de dentro de la taquilla. ¡Hecho!

¿A qué me refiero cuando hablo de hechos? Podría estar hablando de una fecha. Por ejemplo, el año en que se inventó el chip de silicio, 1959.[3] O del hecho de que en portugués «conejo» se llama *coelho*.

Este tipo de hechos son abstractos. Son difíciles de imaginar. Y es precisamente por eso que son tan difíciles de almacenar.

La información en imágenes es mucho más fácil de recordar. ¿Cuántas sillas hay en la mesa del comedor? Seguro que con el ojo de tu mente puedes imaginarte la mesa del comedor y simplemente contar el número de sillas que hay. Seguro que también eres capaz de describir con facilidad el camino de tu casa al supermercado.

Atento a este truco; si conviertes un hecho que estás intentado memorizar en una imagen, te resultará mucho más fácil de recordar. Además, si la imagen es peculiar, será todavía más sencillo. Y si la imagen tiene movimiento, será incluso más fácil de pegar en las paredes de dentro de la taquilla.

¡Así es como lo hace Nelson!

Los cinco consejos de Nelson para memorizar

Actualmente, Nelson Dellis tiene una memoria extraordinaria, pero porque se ha esforzado mucho en mejorarla.[4] Y tiene consejos muy útiles para conseguir memorizar prácticamente cualquier

---

mente, con el hipocampo. ¡Pero todavía queda mucho por hacer para comprender cómo funciona la memoria!

3. Un chip de silicio es el equivalente a una neurona dentro de un ordenador. (*N. de los A.*)

4. El libro de Nelson titulado *Rememberit! es muy bueno (pero está dirigido a adultos y no está traducido al español). (N. de los A.)*

cosa: poemas, números, discursos, palabras en otro idioma. Le pregunté a Nelson cuáles eran sus consejos clave para conseguir introducir información en nuestro cerebro y memorizarla durante mucho tiempo. A continuación, hallarás una lista con sus recomendaciones:[5]

Si quieres memorizar algo, te irá bien decirte a ti mismo que tienes que prestar atención:

---

5. También puedes encontrar estos consejos de Nelson y otros en sus vídeos en inglés en YouTube: www.youtube.com/channel/UCnINhoHWuVjU-DXp7dav5e3A.

1. Céntrate; ¡presta atención! Parece obvio, pero debes decirte a ti mismo que tienes que prestar atención. Debes decirte a ti mismo que estás a punto de memorizar algo importante. Eso te ayudará mucho. Concéntrate tanto como puedas en lo que estás intentando recordar. Cuanto más practiques en centrarte cuando te lo ordenas, ¡más fácil te resultará!

2. Practica. Según Nelson, «Nunca vas a ser bueno en algo a no ser que practiques. Y este consejo sirve para cualquier cosa». Así que debes practicar intentando recordar cualquier información, ya sean hechos relacionados con tu clase de biología de la escuela, tu lista de cosas por hacer o los números de teléfono de tus amigos (los dejarás impresionados, ya que hoy en día casi nadie se los aprende).

3. Visualiza los hechos. A nuestra memoria se le da mucho mejor recordar imágenes que hechos abstractos. Convierte cualquier hecho que estés intentando memorizar en una imagen que puedas visualizar con el ojo de tu mente. «Tu cerebro absorbe las imágenes enseguida», explica Nelson. Si además añades movimiento a tu imagen, te resultará incluso más fácil de recordar. Una cosa es imaginarse un gorila. Y la otra es imaginarse un gorila bailando el tango.

4. Almacena. Encuentra la manera de relacionar la información nueva con algo que ya sepas. Tienes que encontrar un ancla. Esto te ayudará a poner las imágenes en un lugar de tu cerebro donde puedas recuperarlas fácilmente. Incluso algo tan simple como relacionar el nombre y el aspecto de una persona con el de alguien que ya conoces es una buena estrategia de anclaje. (Se llama Dan, igual que mi tío Dan, pero es mucho más bajo). Existen otras técnicas para almacenar información nueva de manera que luego te resulte fácil de recuperar. Las explicaremos más adelante.

5. Recuerda. Recuerda. Recuerda. Todos los consejos anteriores sirven para introducir con facilidad información nueva en tu cerebro. Pero este último paso de recordar activamente, de evocar de manera repetida la información, es lo que hará que quede almacenada en la memoria a largo plazo. Al principio

vas a tener que recordar esa información con cierta frecuencia, pero a medida que pase el tiempo tendrás que hacerlo cada vez menos. Las fichas pueden resultarte de ayuda en este proceso. Hay una aplicación de fichas muy popular llamada «Quizlet» que también te permite hacer dictados, traducciones, exámenes y juegos.

Tal y como dice el propio Nelson, si te cuesta centrarte, practicar técnicas de memorización te ayudará a mejorar tu capacidad de concentración. ¡Y de memorización! La concentración y la memorización se fortalecen mutuamente.

Deja que te explique mejor lo que quiero decir. Pongamos que Nelson tiene que recordar tres cosas:

1. «Coliflor» en francés se dice *chou-fleur*. (La pronunciación correcta es «chu-FLE(r)»).
2. Las neuronas se componen de un axón y varias dendritas.
3. Comer arsénico es malo.

Es posible que, en estos casos, Nelson se imagine lo siguiente:

1. Una imagen de un chófer conduciendo una coliflor. (¡Chófer y *chou-fleur* se parecen bastante!).
2. Un zombi está estudiando el cerebro. Quiere ser el mejor de la clase, y para no olvidar que quiere ser un hacha en esta asignatura, se ata una a la espalda. Luego pasa a la acción (axón) y se pone a repasar las palabritas (dendritas).
3. Un hombre vomitando. Si comes arsénico, ¡te pones enfermo!

Básicamente, Nelson se cuenta chistes malos visuales para ayudarse a recordar nueva información.

Te sorprenderás de lo fácil que te resulta recordar algo cuando tienes una manera divertida de hacerlo. Además, ¡es muy divertido inventar estas imágenes!

Luego pasa a la acción (axón) y comienza a repasar las palabritas (dendritas).

Voy a ponerte como ejemplo algo que tuvo que estudiar Al para aprobar el examen de química. En esta disciplina, existe un concepto llamado «serie de reactividad». Básicamente, hay algunos elementos químicos que explotan con más facilidad que otros. Por lo que ¡es bueno saber cuáles explotan y cuáles no! Al tuvo que aprenderse esta lista para un examen.

Tuvo que memorizar estos metales en el orden correcto:

1. Potasio
2. Sodio
3. Litio
4. Calcio
5. Magnesio
6. Aluminio
7. Zinc
8. Hierro
9. Cobre
10. Plata
11. Oro

Eso suma un total de once metales a recordar en el orden correcto. Parece difícil, ¿verdad? Podrías decirlos una y otra vez en voz alta y aun así no conseguir recordarlos todos. Te haría falta algún truco.

El truco de Alan consistió en imaginarse a un niño pequeño hablando un día con su madre durante las vacaciones de verano. El niño se moría de ganas de ir al zoo con su amiga María. Hacía un día radiante. Así que, mirando a su madre a los ojos le dice: «Porfa, salgamos luego con María al zoo; ¡hipopótamos, cocodrilos, pumas, osos!».

La primera letra de cada palabra corresponde a la primera letra de cada metal. Esto se llama nemotecnia. (Se pronuncia «ne-mo-TEC-nia»). Este truco nemotécnico hizo que Al pudiera escribir la serie al principio del examen para poder utilizarla luego para resolver los ejercicios de química. ¡Funcionó!

La técnica del palacio de la memoria

Nelson Dellis es capaz de inventarse las imágenes más alocadas en las competiciones de memoria. Pero tiene que dar un paso más. Para poder optar al primer premio, Nelson tiene que poder memorizar muchísimas imágenes alocadas diferentes. Incluso cientos de ellas. Y ponerlas en el orden adecuado.

Para conseguirlo utiliza la técnica del palacio de la memoria, que consiste en usar un lugar con el que estés familiarizado como herramienta memorística. Esta técnica lleva utilizándose desde hace unos dos mil quinientos años. Un famoso escritor romano llamado Cicerón ya la utilizaba para recordar sus discursos. Las investigaciones modernas han demostrado que utilizar esta técnica modifica tu cerebro y te ayuda a tener más buena memoria.[6]

Imagínate un sitio que conozcas bien, como, por ejemplo, tu casa. A continuación, toma las cosas que tienes que recordar y ponlas mentalmente en tu casa mientras te paseas por ella. Intenta que haya algún detalle sorprendente o tonto sobre la manera en que te imaginas cada una de esas cosas. Añádeles un poco de movimiento.

---

6. Ericsson, 2003; Maguire *et al.*, 2003; Dresler *et al.*, 2017.

Luego, imagínate que vas caminando por la casa y que te encuentras con ellas una por una. Quizás incluso quieras hablar con ellas.

Pongamos que necesitas recordar la lista de la compra: leche, pan y huevos.

Imagina encontrarte con una botella de leche gigante sonriente que en cuanto cruzas el umbral de la puerta de entrada ensancha todavía más su sonrisa.

«Hola, señora Leche. Hoy está especialmente enorme», le dices.

Luego, en la sala de estar, imagínate una hogaza de pan holgazaneando con tranquilidad en el sofá.

«Señor Pan, siempre está holgazaneando. ¿No tiene nada mejor que hacer que estar tumbado todo el día?». («Hogaza» y «holgazanear» se parecen mucho. ¡Todavía más gracioso!).

Cruza el salón de estar y dirígete a la cocina. En cuanto abres la puerta, cae un cartón de huevos que estaba encima de la puerta justo sobre tu cabeza. Tu hermano se ríe de ti a lo lejos; era una trampa. Dejaré que decidas tú mismo lo que le dirías.

¿Te vas haciendo la idea? Cuanto más vívidas y estrafalarias sean las imágenes, ¡mejor! Puedes construir un palacio de la memoria para almacenar palabras en inglés que empiezan por la letra «a», otro para palabras que empiecen por «b», y así sucesivamente. Puedes utilizar otro palacio de la memoria para recordar las ideas principales de un discurso que tengas que pronunciar basándote en unas pocas palabras clave. Puedes utilizar palacios de la memoria para recordar largas series de números, o qué cartas han aparecido durante una partida.

Puedes construir una cantidad ilimitada de palacios de la memoria; puedes utilizar un mapa de tu propia ciudad o país, o incluso de tu escuela, o de tu camino favorito, o de los lugares de tu videojuego preferido. La técnica del palacio de la memoria es una de las mejores técnicas que existen para mejorar tus habilidades memorísticas. Otro aspecto positivo de los palacios de la memoria es que cuando estés aburrido, por ejemplo mientras esperas a que llegue un profesor, puedes revisitar alguna parte del palacio de la memoria para reforzarlo. Recuerda que puedes visitar las habitaciones de tu palacio en el orden que quieras; ¡incluso puedes visitarlo al revés!

Puedes convertir la distribución de tu casa en tu cuaderno de notas mental.

¿Por qué funciona?

Esta técnica tan antigua funciona porque a tu cerebro se le da muy bien recordar lugares y direcciones. Todo está relacionado con la parte de las imágenes de tu memoria a largo plazo. Los científicos la llaman memoria «visoespacial» («vi-so-es-pa-CIAL»). ¡Y es enorme! Algunas personas necesitan practicar un poco más que otras para ser capaces de aprovechar todo ese potencial. Pero todos lo tenemos.

A esta parte de nuestra memoria se le da mucho mejor recordar lugares y direcciones que hechos aleatorios. Piensa en un tipo de la edad de piedra. Lo que él necesitaba recordar era por dónde tenía que ir. Eso le parecía mucho más importante que ser capaz de recordar el nombre de las piedras. «¿Esta piedra se llama cuarzo? ¿A quién le importa eso? ¿Dónde está mi cueva?».

¿Cuándo fue la última vez que olvidaste cómo ir a la escuela? ¿O dónde está el salón de tu casa? Imagino que no sueles olvidar este tipo de información. Cuando intentas recordar cosas aleatorias, tienes que conectarlas con otras cosas que ya conoces bien. Como, por ejemplo, el interior de tu casa. Eso hará que te resulte mucho más fácil de recordar. Pero tal y como dice Nelson, tienes que centrarte en las cosas aleatorias mientras las estás poniendo en tu palacio de la memoria. Al principio te resultará difícil de hacer, pero te acostumbrarás muy rápidamente.

Más estrategias de memorización

Hay otras estrategias que puedes utilizar para hacer que la información difícil sea más memorable.

→ **Invéntate canciones** sobre la información que quieres recordar. A veces, puede que hasta alguien ya haya inventado una. Por ejemplo, si buscas «canción de la tabla periódica» en Google, verás que te aparecen muchas. (¡Pero no te pongas a cantar en voz alta en medio del examen!).

→ **Invéntate metáforas** sobre la información que estás intentando recordar. Ya sabes que nos encantan las metáforas. Piensa en las similitudes que existen entre el objeto o la idea que quieres recordar y algo que ya conozcas. Podrías intentar dibujarlos. El dibujo de debajo nos muestra que los enlaces químicos del benceno son como un grupo de monos dándose las manos y las colas.

→ **Toma buenas notas**. Más adelante hablaremos más a fondo sobre este tema, pero escribir notas a mano (no teclearlas) sobre la materia que quieres aprender te ayudará a retener mejor esa información.

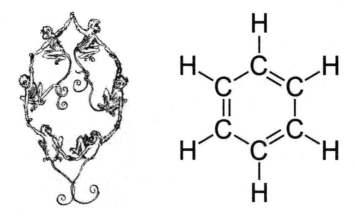

Los enlaces químicos del benceno son como un grupo de monos dándose las manos y las colas.

→ **Imagina que tú eres el objeto o la idea que estás intentando recordar y comprender.** ¿Cómo te sientes siendo una estrella? ¿O un continente? ¿O un glaciar? ¿O un árbol creciendo bajo la luz del sol? Puede que parezca muy absurdo, ¡pero funciona! Déjate llevar por la escritura creativa explicando el ciclo de la vida de una hormiga o cualquier otra cosa que estés aprendiendo.

→ A algunas personas, **asociar números con formas o personajes conocidos** les ayuda a hacer que los números parezcan más simpáticos y reales. Por ejemplo, el número «2» tiene la forma de un cisne, mientras que el «5» parece una pequeña serpiente. Dotar a los números de personalidad hace que resulte más sencillo crear historias que te ayuden a recordar los números. Te será más fácil recordar el número «52» si imaginas a una serpiente siseando a un cisne.

→ **Enseña esta información a otra persona.** Pídele a tu madre, a tu padre o a un amigo que se siente y te escuche hablar sobre la memoria a largo plazo y la memoria de trabajo. Si al principio lo necesitas, puedes recurrir a tus notas. Luego, prueba a hacerlo sin ellas. Recordar activamente es una de las mejores maneras de introducir información en tu cerebro. Y explicar esa nueva información a otra persona es una de las mejores maneras para practicar la técnica de recordar activamente.

→ ¡No olvides lo importante que es **dormir** para poder anclar las nuevas ideas que estás aprendiendo!

Muchas de las sugerencias que te hemos hecho en este capítulo requieren cierto grado de creatividad. Es posible que estés pensando: «¡Pero si yo no soy una persona creativa!». Y quizás no lo seas ahora. Pero al igual que con cualquier otra capacidad, vas a ir mejorando a medida que la practiques. Todos los adolescentes son creativos. A veces tienen la creatividad un poco olvidada, ¡pero siempre pueden volver a hacerla florecer!

Consejo para aprender: el método del patito de goma

Una muy buena manera de aprender algo es explicar en voz alta lo que estés intentando aprender a un objeto inanimado. Un patito de goma, por ejemplo, puede convertirse en un muy buen oyente. Explica la información nueva que estés intentando aprender al patito o a cualquier otro objeto que te apetezca. La técnica del patito de goma es tan efectiva que la utilizan muchos programadores informáticos. Comienzan a explicar al patito de goma lo que se supone que tendría que hacer el código línea por línea. Y así consiguen descubrir los posibles errores que puede haber en el código.[7]

---

7. Hunt y Thomas, 1999, pág. 95.

Para concluir con la memoria

Seguramente ya te habrás hecho una buena idea de las técnicas que Nelson utilizó para convertirse en un campeón de la memoria.

Pero entonces, ¿ganó Nelson el campeonato de memoria de Estados Unidos?

¡Pues claro que sí! Y no sólo lo ganó, ¡sino que lo ganó por cuarta vez! Según explica el propio Nelson:

> *Eran ciertamente más rápidos y mejores que yo, pero en la última prueba (memorizar dos mazos de cartas), decidí ir sin pausa pero sin prisa, asegurándome de memorizar cada una de las 104 cartas a la perfección. Al final, duré más que ellos. Acabaron cometiendo varios errores y yo volví a ganar.[8]*

En este capítulo hemos aprendido algunas técnicas muy útiles que pueden ayudarte a introducir información nueva en tu memoria a largo plazo.

Pero ¿cómo puedes llegar a convertirte en un experto en algo de verdad?

En el siguiente capítulo, mi hija menor te explicará cómo puedes convertirte en un experto. O no. Ya verás que a ella le costó un poco aprender a conducir.

¡Ahora te toca a ti! Tu primera lista memorística

Nelson Dellis nos ha dado cinco consejos para poder almacenar información en nuestra memoria. ¿Serías capaz de crear un palacio de la memoria para almacenar los consejos de Nelson en tu memoria a largo plazo? Piensa en la lista de Nelson, luego cierra este libro y prueba a ver si puedes recordarla.

---

8. Correspondencia entre Nelson Dellis y Barb Oakley, 2 de septiembre de 2017.

EN RESUMEN

→ La información que almacenamos en la memoria puede ser de dos tipos distintos: **hechos o imágenes.** Las imágenes son más fáciles de recordar.

→ Los cinco consejos de Nelson Dellis para mejorar la memoria son:

1. **Céntrate** en lo que estás intentando recordar.
2. **Entrénate** para recordar.
3. Convierte lo que estás intentando recordar en una **imagen.**
4. **Almacena** la imagen conectándola con algo que ya sepas.
5. **Recuerda activamente** para conseguir retener las nuevas ideas en tu mente.

→ **Los palacios de la memoria son una herramienta muy útil,** ya que utilizan tus habilidades visoespaciales. Entrénate para utilizar tu memoria y cada vez te resultarán más sencillos de construir.

→ Hay otras cinco estrategias que pueden ayudarte a recordar:

1. Utiliza una **canción.**
2. Invéntate una **metáfora.**
3. **Toma buenas notas,** preferiblemente escritas a mano.
4. **Imagina** que tú eres aquello que estás intentando comprender y recordar.
5. **Comparte tus ideas.** Enséñaselas a otra persona.

COMPRUEBA SI LO HAS ENTENDIDO

1. ¿Es posible mejorar y llegar a tener una buena memoria incluso aunque siempre hayas tenido mala memoria? Y si es posible, ¿cómo puedes conseguirlo?
2. Explica la técnica del palacio de la memoria.
3. Explica las diferencias que existen entre los dos tipos de información que podemos almacenar en la memoria a largo plazo.
4. Si conviertes un hecho en una imagen te resultará más fácil de recordar. ¿Y qué puedes hacer con una imagen para lograr recordarla incluso más fácilmente? Pon un ejemplo.

(Cuando hayas terminado, puedes comparar tus respuestas con las que encontrarás al final del libro).

¿Te has dado un paseo por las imágenes, has intentado contestar las preguntas al final del siguiente capítulo y tienes la libreta lista para empezar el próximo capítulo? ❑

Capítulo 9

Por qué las conexiones neuronales son tan importantes

(y cómo no meterte en una zanja cuando das marcha atrás con tu vehículo)

Ésta es mi hija Rachel. Como puedes ver, tiene una expresión de desconcierto total. Está aprendiendo a dar marcha atrás con el automóvil. ¡Dar marcha atrás con el vehículo es difícil! O, por lo menos, al principio sí que lo es. ¿Tienes que mirar por el espejo, por encima de tu hombro o delante de ti? ¡Hay demasiadas cosas en las que pensar! Hasta tienes que girar el volante en dirección contraria a la que quieres ir.

Ésta es la cara que puso mi hija menor, Rachel, cuando aprendió por primera vez a dar marcha atrás con su automóvil. ¡Estaba totalmente desconcertada!

¿Que por qué explico todo esto? Porque en este capítulo vamos a enseñarte por qué construir conexiones neuronales es incluso más importante de lo que imaginas.[1] ¿Por qué? Pues porque gracias

---

1. En un capítulo anterior hemos mencionado que lo que nosotros denominamos «cadena de conexiones neuronales», los neurocientíficos lo lla-

a las conexiones neuronales podemos manipular información compleja muy con mucha rapidez.

¡Y porque queremos saber cómo terminó la historia de Rachel y el automóvil!

Para refrescarte un poco la memoria, queremos recordarte que las cadenas de conexiones neuronales están formadas por las conexiones sinápticas que hay entre las espinas dendríticas y los axones. Las cadenas de conexiones neuronales se forman dentro de tu taquilla de la memoria a largo plazo cada vez que consigues aprenderte algún concepto o idea nueva. A tu pulpo de la atención le resulta muy sencillo agarrar eléctricamente una cadena bien robusta de conexiones neuronales y conectarla con tu memoria de trabajo.

A tu pulpo de la atención le resulta muy sencillo agarrar una cadena bien robusta de conexiones neuronales.

Cada vez que intentas aprender algo por primera vez, a tu pulpo de la atención se le echa mucho trabajo encima. Tiene que hacer malabares con sus cuatro brazos para no dejar caer la información

---

man «fragmentos neuronales» y los psicólogos cognitivos «representación mental».

nueva. Y tiene que intentar juntar las ideas para conectarlas y que tengan sentido.

Tu memoria de trabajo es la encargada de intentar crear nuevas cadenas de conexiones neuronales.

Este proceso de creación tiene distintas etapas. En primer lugar, tu memoria de trabajo tiene que entender el nuevo concepto. Luego, debe practicar y utilizar este concepto. Después de un tiempo, empiezas a sentirte cómodo utilizándolo. Esto significa que ya has creado una cadena de conexiones neuronales. Que has conseguido crear un patrón muy bien conectado en tu memoria a largo plazo. Tus espinas dendríticas y tus sinapsis ya están conectadas, y cada simpática neurona puede conectarse con la siguiente.

A tu pulpo de la atención le resulta muy sencillo agarrar firmemente una cadena de conexiones neuronales.[2] Para hacerlo, tu pulpo simplemente saca uno de sus brazos de tu mochila. El brazo se escabulle por tus pasillos mentales hasta llegar a tu taquilla de la memoria a largo plazo. Luego, da una pequeña descarga eléctrica a la cadena de conexiones neuronales que necesita. ¡Zap! Y así se forma una conexión. En un momento, tu pulpo ha conseguido conectar una cadena de conexiones neuronales a tu corteza prefrontal, donde se encuentra tu memoria de trabajo. Ha hallado la manera de llevar la información que tenías almacenada en tu taquilla hasta tu mochila. Ahora ya puedes utilizar esta información. ¡Es así de sencillo!

Puesto que la información está muy bien conectada, tu pulpo sólo tiene que tirar de una única conexión neuronal para llevarse toda la información. Y solamente necesita un brazo para hacerlo.

De esta manera, los otros tres brazos de la memoria de trabajo quedan libres. Y así puedes pensar o hacer otras cosas con ellos. Por ejemplo, puedes usar estos brazos libres para agarrar otra ca-

2. Los recuerdos a largo plazo están latentes en la organización anatómica de las distintas redes del cerebro. Las entradas sensoriales o de otras zonas del cerebro pueden activar una subcadena de neuronas tanto eléctrica como bioquímicamente. Así que cuando decimos «conexión», en realidad nos referimos a «activación».

dena de conexiones neuronales. Así es como puedes conectar acciones o ideas complicadas.

Tu pulpo de la atención puede agarrar con facilidad una cadena de conexiones neuronales creada gracias a la práctica.

Tu pulpo solamente puede agarrar cuatro cadenas de conexiones neuronales al mismo tiempo. Pero, a su vez, estas cadenas pueden estar conectadas con otras cadenas de conexiones neuronales, ¡por lo que en realidad tu pulpo puede agarrar ocho, diez, o incluso cincuenta cadenas de conexiones neuronales! Así es como los expertos logran procesar un gran número de información y contestar preguntas complejas a pesar de tener sólo cuatro huecos en la memoria de trabajo.

Tu memoria de trabajo (tu pulpo) tiene que esforzarse muchísimo para ayudarte a completar los ejercicios si no tienes una buena cadena de conexiones neuronales creada.

Cuando creas una cadena de conexiones neuronales, puedes guardarla en tu taquilla de la memoria a largo plazo mientras tu pulpo se relaja o se dedica a hacer algo diferente.

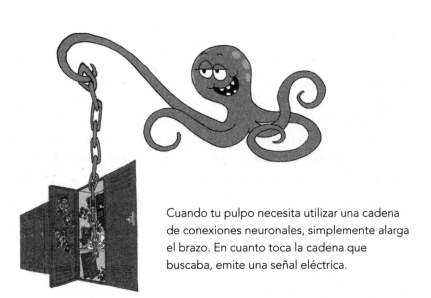

Cuando tu pulpo necesita utilizar una cadena de conexiones neuronales, simplemente alarga el brazo. En cuanto toca la cadena que buscaba, emite una señal eléctrica.

Si vas practicando, puedes llegar a conectar varias conexiones neuronales para crear cadenas de conexiones neuronales más largas.

Los expertos en historia, baile, ajedrez, pilotar un avión, matemáticas o ciencias tienen una cosa en común. Todos ellos tienen un gran número de buenas cadenas de conexiones neuronales, tanto cortas como largas, con unos vínculos muy fuertes y resistentes. Y estas cadenas de conexiones se pueden conectar fácilmente con otras cadenas de conexiones. Los pulpos de la atención de estos expertos pueden llegar a arrastrar al instante una gran cantidad de información interconectada con sus brazos.

Pero no vale sólo con comprender un concepto para crear una cadena de conexiones neuronales. Tienes que practicar con los nuevos conceptos para poder crear una cadena de conexiones neuronales. La comprensión y la práctica van de la mano. Cuanto más practiques, más comprenderás lo que estás aprendiendo.[3]

---

3. Rittle-Johnson *et al.*, 2015.

Los expertos tienen un gran número de cadenas de conexiones neuronales.

Me gustaría señalar que, a pesar de que la comprensión es importante, tampoco es bueno poner mucho énfasis en comprenderlo todo.[4] Los maestros del ajedrez, los médicos de urgencias, los pilotos de combate y muchos otros expertos a veces deciden apagar sus pensamientos conscientes y confiar tan sólo en su bien provista biblioteca de conexiones neuronales.[5] En algunos momentos,

---

4. *Véase* el capítulo 12 de *Abre tu mente a los números*, junto con las correspondientes notas al final del texto para obtener más información sobre este punto.

5. Partnoy, 2012, pág. 73. Partnoy observa: «A veces, el hecho de comprender precisamente lo que estamos haciendo de manera inconsciente puede matar la espontaneidad natural. Si somos demasiado consientes de nosotros mismos, impediremos que nuestros instintos puedan surgir cuando

comprender conscientemente por qué estás haciendo lo que sea que estés haciendo te hace ir más despacio e interrumpe tu flujo de trabajo. Y eso puede provocar que tomes peores decisiones o que tengas más dificultades para solucionar el problema que tengas entre manos.

Intentar comprender un concepto desde numerosas perspectivas distintas antes de tenerlo sólidamente vinculado puede hacer que estés todavía más confundido. Esto es en especial cierto en disciplinas como, por ejemplo, las matemáticas. Si practicas matemáticas siguiendo programas como Smartick o Kumon, puedes llegar a construir unas fuertes cadenas de conexiones neuronales que te ayuden a reforzar tus conocimientos en profundidad. Este tipo de programas están cuidadosamente diseñados para permitirte dominar poco a poco cada parte del conocimiento antes de seguir sumergiéndose en la materia. Este método se llama «aprendizaje para el dominio», y es una muy buena manera de aprender.[6]

Volvamos otra vez a mi hija Rachel. Al inicio de este capítulo estaba aprendiendo a dar marcha atrás con su automóvil. ¡Y estaba muy estresada! Creía que nunca sería capaz de conseguirlo. Pero practicó y practicó, y cada vez que cometía un error le explicaban por qué. Con el tiempo, construyó una magnífica cadena de conexiones neuronales para dar marcha atrás. Su camino mental se hizo ancho y claro. Y ahora ya es capaz de dar marcha atrás con facilidad. Sus conexiones neuronales de dar marcha atrás, junto con sus muchas otras conexiones sobre cómo conducir un vehículo, la han convertido en una conductora experta.

Al principio, cuando Rachel aprendió a dar marcha atrás, tenía que centrarse con detenimiento. Su pulpo de la atención se esforzaba tanto como podía. Tenía que utilizar todos sus brazos para

---

los necesitemos. Sin embargo, si no somos lo bastante conscientes de nosotros mismos, nunca mejoraremos nuestros instintos. El reto reside en ser consciente de los factores que influencian nuestras decisiones en un período de segundos... pero no ser tan conscientes como para que sean forzadas e inefectivas» (pág. 111).

6. Guskey, 2007.

intentar procesar los distintos pasos a seguir. No le quedaba ningún brazo libre para retener ninguna otra información.

Pero ahora que ha conseguido crear una nueva cadena de conexiones, sólo tiene que pensar: «Quiero dar marcha atrás». Enseguida, su pulpo de la atención alarga el brazo hacia su taquilla de la memoria a largo plazo. Y entonces, manda una pequeña descarga *bzzzz* mientras agarra las conexiones de dar marcha atrás. ¡Aquello que antes le resultaba tan difícil ahora le parece muy sencillo!

Ahora Rachel puede dar marcha atrás fácilmente. ¡Mira qué cara de contenta!

El domino de Rachel le permite ahora tener tres brazos libres en su memoria de trabajo para poder hacer otras cosas mientras da marcha atrás. Como, por ejemplo, escuchar música o asegurarse de que lleva el cinturón bien puesto.

Ahora Rachel es tan buena dando marcha atrás que casi siempre lo hace en modo zombi.

Siempre y cuando no ocurra nada extraordinario, por supuesto...

Sobrecarga de información

Pero ¿qué pasaría si alguien intentase quitarle el sitio para aparcar justo cuando está dando marcha atrás para entrar? Tendría que salir del modo zombi enseguida y analizar la situación desde una nueva perspectiva. Y, para hacerlo, necesitaría tener libres todos los brazos de su pulpo. Tendría que dejar de pensar en cualquier otra cosa. De lo contrario, no sería capaz de hacerlo todo. ¡Podría incluso chocar!

Si tu memoria de trabajo tiene que lidiar con muchas cosas a la vez, te costará mucho entender algo. Acabarás desconcertado. (Los psicólogos hablan de «carga cognitiva»[7]). La carga cognitiva es la cantidad de esfuerzo mental que utiliza la memoria de trabajo. Resulta difícil pasar más información a la memoria de trabajo si ya está muy ocupada.

Cada vez que aprendes cualquier cosa nueva, tu memoria de trabajo sólo puede retenerla de manera limitada en tu mente. Es por eso que es tan importante crear cadenas de conexiones neuronales fuertes y bien ejercitadas.

Así se crean nuevas conexiones neuronales (¡a no ser que estés distraído!)

En resumen, tu pulpo de la atención tiene dos particularidades especiales. Solamente se despierta y comienza a trabajar si estás centrado. Y sólo tiene un número limitado de brazos.

Las distracciones hacen que todo resulte más difícil para tu pulpo. Es como si tuviera uno de sus brazos metidos en un cabestrillo.

Pongamos que tienes la televisión encendida y que la oyes de fondo. El sonido acaparará parte de tu atención. Estará ocupando uno de los brazos de tu pulpo, aunque tú creas que no la estás escuchando.

Si tienes distracciones a tu alrededor mientras estás intentando estudiar, es como si inmovilizaras un brazo a tu pulpo de la atención.

---

7. Sweller *et al.*, 2011.

Si estás distraído, tu memoria de trabajo no podrá hacer bien su trabajo,[8] ya que tu pulpo tendrá menos brazos para retener información. (Imagina cómo sería intentar pelar una naranja con una sola mano en vez de con dos).

Además, si vas cambiando el centro de tu atención, tu pulpo se cansará más deprisa, porque tendrá que soltar la información que ya tenía y agarrar otra nueva.

Pongamos que estás haciendo los deberes. Pero, de repente, entra tu amigo y empieza a hablarte de la hora de la comida. Tu pulpo tendría que soltar algunas conexiones neuronales de tus deberes para pillar lo que tu amigo está diciendo. Y cuando tu amigo se fuera, tendría que volver a agarrar lo que estaba sujetando antes. ¡Guau! Eso es agotador.

Así que trata de evitar ir cambiando de tarea y cualquier interrupción cuando estés centrado en estudiar.

Cada vez que cambias el centro de tu atención, obligas a tu pulpo de la atención a tener que mover sus brazos de un lado a otro para agarrar distintas cadenas de conexiones. ¡Es agotador!

Si tienes la suerte (o la desgracia) de tener un teléfono inteligente, piensa un momento en cómo lo usas. ¿Lo miras cuando estás con tus amigos o familiares? En cuanto prestas atención a tu teléfono, dejas de centrarte en las personas con las que estás. Y volver a entrar en la conversación requiere cierto tiempo. Apuesto a que alguna vez te has dado cuenta.

---

8. Shenhav *et al.*, 2017; van der Schuur *et al.*, 2015.

Lo mismo ocurre cuando estás aprendiendo. Si estás intentando resolver un problema difícil y te detienes a mirar tu teléfono a mitad del ejercicio, es como si soltaras todas tus conexiones neuronales de golpe. Y luego, cuando vuelves a mirar el ejercicio, tienes que volver a agarrarlas. Esto resulta verdaderamente extenuante para tu pobre pulpo de la atención.

Disfrutarás de una materia cuando la domines

Cuando empiezas a aprender una materia de cero y no tienes ninguna conexión neuronal creada sobre ese tema, puede que te parezca difícil y aburrida.

Pongamos, por ejemplo, aprender a montar en bicicleta. Al principio puede resultar difícil incluso el simple hecho de sentarse en una bicicleta. Seguramente te caerás varias veces al suelo, y es posible que incluso llegues a hacerte daño. Una vez empiezas a pedalear, tienes que aprender a no presionar los frenos con mucha fuerza y a girar sin caerte.

Pero una vez superada esta difícil primera etapa inicial, ya puedes montarte en la bici y comenzar a pedalear. Te conviertes en un experto. ¡Fantástico!

Esto nos lleva a un punto muy importante. Hay veces en que no disfrutas de algo porque todavía no lo dominas. Porque todavía estás en la fase inicial de «¿Cómo se mantiene el equilibrio encima de una bici?», cuando todo parece muy complicado.

¡Sólo tienes que empezar! Los primeros pasos suelen ser los más difíciles. Disfruta del proceso y espera a ver los resultados.[9]

Ideas clave

Vamos a repasar las ideas clave de este capítulo.

Crear cadenas de conexiones neuronales te permitirá formular pensamientos más complicados. Podrás agarrar fácilmente una

---

9. Muchas gracias a Elena Benito por las ideas de esta sección (correspondencia por correo electrónico, noviembre de 2017).

gran cantidad de información interconectada. Sin cadenas de conexiones neuronales, tu mente se puede sentir abrumada. Como cuando Rachel intentó dar marcha atrás con el automóvil por primera vez.

Cuando intentas aprender algo nuevo, todavía no has creado ninguna conexión neuronal. Es por eso que tu pulpo de la atención tiene que usar los cuatro brazos. ¡Tiene que esforzarse mucho!

Puede que cuando todavía no hayas conseguido conectar la información nueva te sientas confuso. Como si no consiguieras captarlo. Pero, por supuesto, esto no es verdad. Sólo tienes que empezar por crear unas pequeñas cadenas de conexiones neuronales. A medida que vayas practicando, estas pequeñas conexiones neuronales serán cada vez más largas. Así, tu pulpo podrá tirar de ellas y trabajar más fácilmente.

Los primeros pasos para aprender algo nuevo suelen ser los más difíciles. Empieza a construir una biblioteca de cadenas de conexiones neuronales y estarás bien encaminado para convertirte en un experto.

En el siguiente capítulo, aprenderás más sobre la vida de Terry Sejnowski. Es experto en neurociencia. Sin embargo, descubrirás que no siempre lo ha sido.

¡Ahora te toca a ti!
Deja a un lado tu teléfono inteligente

Si tienes un teléfono inteligente, déjalo en otra habitación la próxima vez que comiences a hacer los deberes. Comprométete a dejarlo allí hasta que termines de hacer un Pomodoro. De lo contrario, puede que te sientas tentado a echarle un vistazo cuando tus deberes te parezcan difíciles. ¡Así sólo conseguirás que te resulte más difícil volver a centrar tu atención en los deberes!

EN RESUMEN

→ **Una red de conexiones neuronales es un camino de neuronas vinculadas en tu taquilla de la memoria a largo plazo que se fortalece a través de la práctica. Las cadenas de conexiones neuronales permiten que tu memoria de trabajo pueda procesar información más rápidamente.** A tu pulpo de la atención le resulta más sencillo agarrar este tipo de conexiones neuronales.

→ Tu pulpo se cansa muchísimo si tiene que estar centrándose alternativamente en dos cadenas de conexiones neuronales del todo diferentes. **Intenta evitar ir alternando entre tareas y las distracciones.**

→ Si no creamos buenas cadenas de conexiones neuronales, nos resultará muy confuso intentar trabajar con mucha información a la vez en nuestra mochila mental. **Todos tenemos una carga cognitiva máxima.** Es decir, que sólo podemos lidiar con una cantidad limitada de información simultánea en nuestra memoria de trabajo.

→ **Los primeros pasos para aprender algo nuevo suelen ser los más difíciles.** Ten paciencia y sigue trabajando. Seguro que pronto experimentarás ese maravilloso momento en que se crea una cadena de conexiones neuronales y por fin entiendes algo.

COMPRUEBA SI LO HAS ENTENDIDO

1. ¿Por qué son importantes las conexiones neuronales?
2. Explica lo que hace tu pulpo de la atención.
3. Un buen ejemplo de una idea bien vinculada es atarse los zapatos. Seguro que cuando aprendiste por primera vez a atarte los zapatos tenías que prestar mucha atención a esa acción. Pero ahora puedes atarte los zapatos fácilmente mientras hablas con alguien, miras la televisión o cantas una canción. Nombra alguna otra actividad o concepto que hayas logrado vincular bien.
4. ¿Qué le ocurre a tu pulpo de la atención si trabajas con la televisión encendida?
5. ¿Por qué deberías evitar ir alternando entre distintas tareas?
6. ¿Qué deberías hacer con tu teléfono cuando estés a punto de hacer tus deberes? ¿Por qué?
7. El hecho de comprender un concepto, ¿ayuda a crear una cadena de conexiones cerebrales?
8. ¿Cómo puedes conseguir ser un experto en algo?
9. Si tuvieran que rescatarte de un edificio en llamas, ¿elegirías al bombero que sólo ha mirado cómo rescataban a otras personas de un edificio en llamas? ¿O elegirías al bombero que hubiese practicado físicamente cómo rescatar a personas de un edificio en llamas? ¿Por qué?

(Cuando hayas terminado, puedes comparar tus respuestas con las que encontrarás al final del libro).

¿Has hecho el paseo por las imágenes y tienes la libreta lista para empezar el siguiente capítulo? ❏

Capítulo 10

Cómo aprender en clubes y grupos, cómo encontrar tu misión, y el día en que Terry casi prendió fuego a la escuela

Hola, me llamo Terry Sejnowski.[1] ¡Encantado de conocerte!

De pequeño fui muy diferente a Barb y a Al. Cuando iba a la escuela primaria era un tipo de ciencias, pero no me llevaba muy bien con los idiomas. Tenía un laboratorio de química en el sótano de mi casa. Me encantaba crear luces brillantes, explosiones y nubes de humo. Cuando tenía siete años, creé un volcán de papel maché que activó los detectores de humo de la escuela. Tuvimos que evacuar el edificio entero. ¡Todos se acuerdan del día en que casi prendí fuego a la escuela!

Terry el alborotador

Cuando iba al instituto, me aburría en clase de ciencias. Las lecciones me parecían demasiado fáciles porque yo ya había avanzado mucho en la materia. Hacía muchas preguntas, pero me dijeron que interrumpía demasiado las clases. Era un alborotador. (Ten en cuenta que si te aburres en clase, no significa automáticamente que las clases te parezcan demasiado fáciles. ¡Puede que sólo quiera decir que no tienes suficiente curiosidad!).

---

1. Mi apellido se pronuncia «sei-NOW-skai». *(N. de los A.)*

Mis compañeros del club y yo con los preparativos para hacer rebotar una señal de radio en la luna en el club de radio del instituto St. Joseph, Cleveland, Estados Unidos. Yo soy el del medio.

El club de radio fue mi salvación. Éramos un grupo de amantes de la ciencia que nos reuníamos fuera de horario escolar para aprender más sobre radios y construirlas. Practicábamos mandando mensajes en código morse. Incluso llegamos a hacer rebotar una señal sobre la luna utilizando las antenas que habíamos construido. ¡Y por fin tuve la oportunidad de hacer todas las preguntas que quise!

Una de las mejores maneras de tener una buena experiencia en la escuela es apuntarse a clubes y grupos donde hagan actividades que te gusten. (Si estás escolarizado en casa, también puedes apuntarte a clubes y grupos fuera de la escuela, o incluso quizás en alguno vinculado con una escuela cercana). No tengas miedo a preguntar si puedes formar un nuevo club en tu escuela (por ejemplo, ¡un club de aprender a aprender!). Encontrar amigos con los que compartir lo que te encanta hacer es una excelente manera de entablar amistades de verdad y permitir que florezca tu creatividad.

Los miembros del club y yo ajustando la antena de radio en el tejado de la escuela. (Yo soy el de la izquierda).

¿Cuál es tu objetivo?

Un día, el profesor que supervisaba el club de radio me hizo una pregunta: «¿Cuál es tu objetivo?».

No tenía ni la más remota idea, pero aquello me hizo empezar a reflexionar sobre el futuro. Tenía que madurar y encontrar algo que hacer en la vida. Me interesaba especialmente la gravedad y el cerebro. ¿Cómo funciona la gravedad? ¿Por qué mi cerebro es capaz de aprender algunas cosas con mucha rapidez (como la física) y otras no tanto (como los idiomas)?

Ojalá hubiera sabido entonces lo que sé ahora sobre el cerebro y sobre cómo aprender. Se me hubieran dado mejor los idiomas, como a Barb y a Al. Asistí a clases de alemán, pero hasta más tarde, cuando tuve una novia alemana, no aprendí suficiente alemán para al menos hacerme entender. Quizás en el instituto no estaba lo bastante motivado como para aprender alemán.

Lo que aprendí en Princeton

Tuve surte y mi carrera en el mundo de las ciencias me fue bien. Carl Anderson, un profesor universitario muy famoso, me dio muy buenos consejos. Al igual que Santiago Ramón y Cajal, Carl Anderson también había ganado un premio Nobel. (Por haber descubierto los positrones).[2] El profesor Anderson me preguntó si quería dedicarme a la teoría o a la experimentación. Yo le respondí: «¿Y por qué no puedo dedicarme a ambas cosas?». Me dijo que aquello también era una opción y me puso el ejemplo de alguien de la universidad de Caltech que más adelante tuve el placer de conocer.

Recibir consejo de alguien a quien respetas puede tener un gran impacto en tu vida.

Aprendí mucho durante mi doctorado en física en la Universidad de Princeton.[3] Hice unos descubrimientos apasionantes sobre

---

2. Un positrón es como una versión positiva de un electrón. *(N. de los A.)*
3. El doctorado es un título universitario superior. Normalmente los primeros cuatro o cinco años de estudios universitarios se dedican a sacarse el

los agujeros negros y la gravedad. Tuve la suerte de tener muy buenos mentores y amigos inteligentes. **Poder trabajar en problemas difíciles junto con otras personas me ayudó mucho. Busca siempre las personas que te hagan brillar. ¡Si te juntas con personas que tienen buenas ideas, podrás estimular las tuyas!**

Pero acabé llegando a un punto de inflexión. Ya había respondido todas mis preguntas sobre la física y la gravedad. Pero todavía no sabía mucho sobre el cerebro. Yogi Berra, el cátcher filósofo del equipo de béisbol de los New York Yankees, una vez dijo algo muy sabio: «Cuando te encuentres en una encrucijada, tienes que tomar un camino». Y yo decidí tomar el camino de la biología.

Aquí tienes una foto en Princeton. Los agujeros negros competían por mi interés por el cerebro y otras materias. Pero al final acabó ganando el cerebro.

Adentrarse en el cerebro

Los misterios del cerebro son tan complejos como los misterios del espacio exterior. Al igual que Barb y Al, tuve que empezar de cero. Al principio fue muy duro porque mis compañeros ya sabían mucho sobre el tema. Pero luego descubrí que mis estudios de física

---

grado, es decir, una carrera universitaria. Luego, algunas personas deciden permanecer en la universidad y cursar estudios universitarios más avanzados, como másteres y doctorados. *(N. de los A.)*

me ayudaban a pensar en la biología de una manera que los demás no podían. ¡Es sorprendente ver cómo las distintas materias están conectadas de formas inesperadas!

Había leído varios libros sobre las neuronas. Sin embargo, sólo me parecieron reales cuando en un curso de verano en Woods Hole, Massachusetts, Estados Unidos, pude verlas a través de un microscopio. Ésta es una lección muy importante. El aprendizaje sólo cobra vida cuando haces alguna cosa con la información que estás aprendiendo. Procura que tu aprendizaje sea activo. No te limites a leer sobre algo. Durante ese curso, conseguí grabar señales eléctricas de muchos tipos de neuronas diferentes. Todo lo que había aprendido en mi club de radio del instituto sobre señales de radio me resultó de gran utilidad entonces. (Nunca sabes cuándo pueden resultarte útiles tus conocimientos).

Cerebros artificiales

En mi trabajo, utilizo mis conocimientos en física y biología para comparar los cerebros con los ordenadores. Se parecen en muchos aspectos, pero en otros son completamente diferentes. Los ordenadores son muy rápidos calculando. Son muy buenos haciendo una cosa tras otra a la velocidad del rayo.

Éste soy yo a día de hoy en el Salk Institute de La Jolla, California, Estados Unidos. El Salk Institute es uno de los mejores institutos del mundo para hacer investigaciones en neurociencia y medicina.

Los cerebros, en cambio, son diferentes. Son mucho más lentos, y para funcionar tienen que hacer un gran número de pequeñas cosas al mismo tiempo. Es como si fueran un equipo de miles de millones de pequeños ordenadores trabajando juntos. Cada neurona es como un miniordenador. Como seguramente ya sabrás por los capítulos anteriores, cada neurona ordenador está conectada a los demás miniordenadores por las sinapsis. Este trabajo en equipo es lo que precisamente permite al cerebro hacer cosas que a los ordenadores les resultan muy difíciles, como, por ejemplo, ver y oír.

Todos podemos aprender algo sobre lo maravillosos que son nuestros cerebros. Gracias a mi estrecha colaboración con otras personas y a todas las horas dedicadas a reflexionar sobre cómo funciona el cerebro, he encontrado la manera de crear un cerebro artificial. Pero no son como el que tienes dentro de tu cabeza, sino que son electrónicos. Estos ordenadores aprenden como los cerebros, y también tienen que ir al colegio, igual que tú (más o menos). Contienen un nuevo tipo de inteligencia artificial (IA) que nunca se cansa ni se aburre. Creo que en un futuro la inteligencia artificial dará mucho de qué hablar. ¡La ciencia ficción se está convirtiendo en una realidad!

Los neurocientíficos han logrado grandes progresos en los últimos treinta años. Antes no sabíamos casi nada de cómo funcionaba el cerebro. Pero ahora sabemos mucho más, incluyendo mucha información sobre cómo aprenden los cerebros. Por ejemplo, ahora sabemos que el ejercicio y el sueño tienen un papel clave a la hora de crear recuerdos más intensos. Es por eso por lo que he convertido el ejercicio en una parte importante de mi vida diaria. Sé que me ayuda a pensar y a aprender mucho mejor. En el siguiente capítulo, aprenderás mucho más sobre los efectos del ejercicio.

¡Buen aprendizaje!

Detente y recuerda

¿Cuáles son las ideas principales de este capítulo? Seguro que te resultarán más sencillas de recordar si las relacionas con tu propia vida y con tus objetivos profesionales. Cierra el libro y mira hacia otro lado mientras lo intentas.

Marca esta casilla cuando hayas terminado: ❏

EN RESUMEN

→ **Encuentra algo que realmente te interese en la escuela.** Halla tu propia versión de un club de radio.

→ **No tengas miedo a preguntar.** Si tu escuela no tiene ninguna actividad que te interese, pide que organicen alguna. O incluso puedes empezar tú mismo un club con la ayuda de tu colegio.

→ **Tienes que estar dispuesto a trabajar con otras personas.** Júntate con gente creativa y verás cuántas nuevas ideas empiezas a tener por tu propia cuenta.

→ **Consigue que tu aprendizaje sea lo más activo posible.** Además de leer sobre el tema en cuestión en algún libro, ponlo en práctica.

→ **¡Déjate sorprender por tu cerebro!** Es como si tuvieras miles de millones de miniordenadores trabajando todos juntos para ti.

→ **Aprender más sobre una disciplina puede aportarte otras ideas en otras disciplinas.** Todas las disciplinas están interconectadas. La física puede ayudarte con la biología. ¡Y hasta puede resultar de ayuda en el arte, el deporte o para hacer amigos!

¿Te has dado un paseo por las imágenes, has intentado contestar las preguntas al final del siguiente capítulo y tienes la libreta lista para empezar el próximo capítulo? ❏

Capítulo 11

Cómo tonificar tu cerebro

En 2015, Julius Yego se convirtió en el campeón del mundo de lanzamiento de jabalina. Consiguió lanzar su jabalina a una distancia de 92,72 metros. ¡La lanzó con tanta fuerza que incluso se cayó! Pero enseguida se levantó para celebrarlo.

Julius Yego se convirtió en el campeón del mundo de lanzamiento de jabalina. Pero aprendió a lanzar la jabalina de una manera muy inusual.

Julius tiene una historia extraordinaria. Creció en una parte pobre de Kenia conocida como el Gran Valle del Rift. Cuando empezó a interesarse por esta prueba de atletismo, tuvo que hacerse sus propias jabalinas. Las hizo con ramas de árbol. En Kenia, el deporte más popular es el atletismo. No había ningún buen lanzador de jabalinas. Ni siquiera había un entrenador de lanzamiento de jabalina en todo el país, y, además, Julius no tenía el calzado adecuado. Pero estaba totalmente decidido a seguir adelante. Julius fue mejorando cada año hasta que consiguió convertirse en campeón mundial. ¿Cómo es posible que alguien sin entrenador y con muy poco apoyo pudiera ganar a los atletas de los países donde se gastan fortunas en los deportistas? Enseguida lo explicaré.

Parte del éxito de Julius se debe, por supuesto, a que entrenó muchísimo. Y de esto vamos a hablar en este capítulo. ¿Qué tiene que ver hacer ejercicio con aprender? Pues resulta que tiene mucho que ver, y no sólo para aprender a lanzar jabalinas.

¡El ejercicio tonifica tu cerebro!

Hay una parte de nuestro cerebro que es en particular importante para recordar hechos y eventos. Se llama «hipocampo».[1] Aquí debajo puedes ver el aspecto que tiene un hipocampo.

«Hipocampo» (a la izquierda) significa «caballito de mar» (a la derecha) en griego. ¿Te has dado cuenta de lo mucho que se parecen?

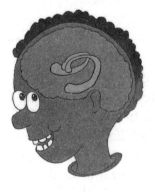

Si le das la vuelta boca abajo al hipocampo, verás cómo encaja en el cerebro. Técnicamente el cerebro tiene dos hipocampos, uno en la parte izquierda del cerebro y otro en la derecha.

---

1. No nos hemos podido resistir. ¿Sabes qué dijo el hipocampo en su discurso de jubilación? «Gracias por todos los recuerdos». *(N. de los A.)*

Curiosamente, cuando duermes, la información nueva que has aprendido durante el día se transfiere de las neuronas del hipocampo a las neuronas de la corteza cerebral, la capa más superficial del cerebro. La corteza cerebral es el hogar de tu memoria a largo plazo (taquilla). **Por lo que dormir no sólo nos ayuda a construir nuevas conexiones sinápticas, sino que también sirve para despejar el hipocampo y dejar sitio para poder aprender información nueva al día siguiente.**

Hay algunas personas que, por desgracia, tienen una lesión en el hipocampo y sufren amnesia, es decir, no pueden recordar nada de lo que les ocurre pasados unos pocos minutos. Sin embargo, son capaces de recordar todo lo que habían aprendido antes de la lesión. Es decir, siguen acordándose de los recuerdos que habían cimentado antes en su corteza cerebral durante el sueño.

Esto significa que el hipocampo es una pieza clave de la memoria. Cada día nacen nuevas neuronas en el hipocampo. Es como un equipo de baloncesto de instituto. Cada año llegan nuevos jugadores, pero los más mayores se van marchando. Y los nuevos jugadores enseguida comienzan a aprender nuevas jugadas.

Pero si no aprendes nada nuevo, tus nuevas neuronas del hipocampo desaparecerán poco después de haber nacido. (De igual manera que un jugador de baloncesto acabaría desapareciendo del equipo si no se esforzara por aprenderse las nuevas jugadas). Sin embargo, si consigues aprender algo nuevo, las neuronas se quedarán y te permitirán recordar. Las nuevas sinapsis, tanto de las neuronas más viejas como de las más nuevas que se encuentran en el hipocampo, crean las nuevas cadenas de conexiones neuronales. Mientras duermes, estas nuevas conexiones neuronales del hipocampo ayudan a fortalecer las conexiones neuronales de la memoria a largo plazo de la corteza cerebral.[2]

---

2. Técnicamente, el proceso de reforzar la información cuando va del hipocampo a la corteza cerebral se llama «consolidación de la memoria». *(N. de los A.)*

Hace más de veinte años, mi coautor Terry me ayudó a realizar un descubrimiento increíble sobre las neuronas.[3] Hacer ejercicio ayuda a las nuevas neuronas a crecer.

Cuando haces ejercicio, tu cuerpo segrega una sustancia química llamada FNDC.[4] ¡Estas siglas significan «Fundación para la Nutrición Dedicada al Cerebro»! (Esto se lo ha inventado Al, mi otro coautor. Puede que esta broma te ayude a recordar mejor estas siglas. En realidad, «FNDC» significa «Factor Neurotrófico Derivado del Cerebro», pero eso suena más aburrido).

El FNDC hace que tus neuronas sean fuertes y sanas.[5] Las protege de posibles lesiones y consigue que sea más probable que conecten con otras neuronas. También es como si alimentara las sinapsis y las espinas dendríticas, ya que hace que crezcan. En la imagen inferior puedes observar que las espinas dendríticas han crecido.

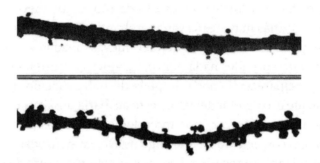

La imagen superior es una dendrita del hipocampo que no ha estado expuesta al FNDC. Observa que apenas hay ninguna espina dendrítica (dedos de los pies). La imagen inferior muestra lo que ocurre después de aplicar el FNDC. ¡Guau! ¡Las espinas dendríticas se han hecho más altas y anchas! Estas espinas hacen que resulte más sencillo conectarse con otras neuronas a través de la sinapsis. Si haces ejercicio habitualmente, tus neuronas se parecerán más a las de la imagen inferior, ¡y serán capaces de conectar y charlar con muchas neuronas!

---

3. Van Praag *et al.*, 1999.
4. Szuhany *et al.*, 2015.
5. Lu *et al.*, 2013.

Al igual que el abono ayuda a las plantas a crecer, el FNDC ayuda a las neuronas a crecer. Y hacer ejercicio ayuda a producir más FNDC.

Así que cada vez que haces ejercicio estás cuidando de tu cerebro y, obviamente, ¡también de tu cuerpo!

¡La comida también alimenta tu cerebro!

Quizás te hayas preguntado si lo que comes puede afectar a tu aprendizaje. ¡Y la respuesta es que sí! De hecho, hacer ejercicio y seguir una dieta saludable tiene un gran impacto en tu capacidad de aprender y recordar. Mucho más que únicamente hacer ejercicio o seguir una dieta saludable.[6]

Entonces, ¿qué significa seguir una dieta saludable? Las investigaciones muestran que añadir frutas y verduras a tu dieta es una muy buena idea. Intenta que haya una gran variedad. Las verduras de la familia de las **cebollas**, que incluye también el ajo y el puerro, contienen sustancias químicas que ayudan a mantener cualquier tipo de enfermedad a raya, desde la diabetes al cáncer. Lo mismo ocurre con la familia de la **col**, que incluye la coliflor, el brócoli, los rábanos y las coles de Bruselas. Las frutas de todos los colores también son geniales, incluyendo las naranjas, las peras, los arándanos, las cerezas y las frambuesas. El **chocolate negro** tiene algunas de las mismas sustancias químicas beneficiosas que la fruta, e incluso alguna más. (Pero elige chocolate con poco azúcar, y evita comerlo al final del día, ya que puede afectar al sueño). Los **frutos secos** también están repletos de elementos saludables. Tomar un puñado de frutos secos cada día es una muy buena manera de completar tu dieta.

Intenta evitar la «comida falsa» que ha perdido la mayor parte de su valor nutricional al ser procesada. Esto incluye alimentos como las patatas fritas, los nuggets de pollo y cualquier otro que contenga una gran cantidad de azúcar o harina, como, por ejemplo, los donuts, algunos cereales para desayunar y los refrescos. Los postres no son una familia alimentaria.

---

6. Van Praag, 2009.

Cada uno tiene una opinión diferente sobre cuál es la mejor dieta a seguir. La dieta mediterránea, por ejemplo, es una muy buena opción. Como seguramente habrás adivinado, es una dieta muy extendida entre los países mediterráneos, como Grecia, Italia, Portugal y España. Contiene mucha fruta, verduras, pescado, aceite de oliva y cereales.

¡Puedes aprender de muchas fuentes distintas!

Volvamos a Julius Yego. ¿Cómo consiguió mejorar? No tenía entrenador ni ninguna de las ventajas de los deportistas de los países más ricos: científicos del deporte, psicólogos y nutricionistas.

Ésta es la parte más sorprendente de la historia de Julius. Se convirtió en campeón viendo muchos vídeos de YouTube de lanzamiento de jabalina y luego practicando lo que había visto. Se sentaba en un cibercafé (un lugar desde donde podía acceder a Internet) y se pasaba horas estudiando a sus héroes. Y luego practicaba muchísimo en las colinas africanas. Al final, acabó consiguiendo un entrenador de otro país. Pero durante mucho tiempo, todo su entrenamiento provenía de Internet. ¡Se le llegó a conocer como el YouTube Man!

¿Por qué explico su historia? Bueno, porque es una historia inspiradora. Pero también porque fusiona los dos aspectos más importantes de este capítulo. El ejercicio y el aprendizaje. Y también quería mostrar que no tienes que aprender necesariamente con un libro o un profesor. Puedes aprender por ti mismo utilizando Internet y otros recursos. Y practicando, practicando, y practicando todavía más, y recibiendo todas las críticas posibles.

Así pues, Julius Yego debe de ser un genio además de un campeón deportivo, ¿verdad? Bueno, es posible que lo sea. No lo conozco en persona. Pero seguro que su cerebro está en mucha mejor forma que si sólo hubiera estudiado los vídeos de YouTube. Los miró y luego practicó lo que había visto. ¡Aprendió nueva información y luego la puso en práctica! Tú también deberías marcarte este objetivo.

Estoy convencida de que Terry es realmente un genio. Sé que para él hacer ejercicio es una parte muy importante de su día. Le encanta correr junto al océano. Para él es una muy buena manera de entrar en el modo disperso. A menudo se le ocurren sus mejores ideas cuando está corriendo. Hace ejercicio porque le gusta y porque sabe que es bueno para su cerebro. Pero también porque esas nuevas ideas le ayudan con su trabajo de profesor universitario.

Ejercicio: una herramienta multiusos para la salud

El ejercicio también tiene otro efecto maravilloso. Hace que tu cerebro produzca otras sustancias químicas, como la serotonina y la dopamina.[7] Estas sustancias químicas son las que hacen que se te ocurran nuevas ideas. Te permiten ver nuevas formas de conectar tus viejas ideas para crear otras nuevas. Es como si pudieras pensar de otra manera. Seguro que todos esos ratones del pensamiento que van por ahí correteando encuentran nuevas maneras de ver el bosque.

El ejercicio no es solamente beneficioso para todos los órganos de tu cuerpo. También es bueno para tu cerebro. Mejora la capacidad de comprensión, de toma decisiones y de concentración. Te ayuda a recordar y a alternar entre distintas tareas. También sirve para recuperarse de una enfermedad mental. Hay psiquiatras que afirman que el ejercicio es más potente que cualquier medicina.

Detente y recuerda

A veces puede que te despistes al intentar mirar para otro lado y recordar una idea clave. O que te encuentres releyendo los mismos párrafos una y otra vez. Cuando te ocurra esto, ponte a hacer cualquier tipo de ejercicio físico, como, por ejemplo, unas cuantas sentadillas, flexiones, abdominales o incluso la rueda. Seguro que tendrá un efecto sorprendentemente positivo en tu capacidad de comprender y recordar. Prueba a realizar algún tipo de actividad física ahora, antes de intentar recordar las ideas de este capítulo.

Marca esta casilla cuando hayas terminado. ❑

---

7. Lin y Kuo, 2013.

¡Ahora te toca a ti! ¡Haz ejercicio!

¿A qué estás esperando? ¿Todavía estás sentado leyendo este libro? ¡Sal afuera y comienza a perseguir a un ratón! Lucha con un zombi. Pasa la aspiradora por las escaleras. Haz cosquillas a un pulpo. Levanta una taquilla. Haz el ejercicio que quieras. ¡Disfruta de tu modo disperso! (Pero luego acuérdate de volver y terminar el libro).

EN RESUMEN

→ **Puedes aprender a través Internet, además de con un profesor o unos libros.**

→ **Hacer ejercicio es muy bueno para tus neuronas,** sobre todo para las más nuevas.

→ Hacer ejercicio produce una sustancia química (FNDC) que es como **comida para tu cerebro.**

→ **Hacer ejercicio también produce sustancias químicas que generan nuevas ideas.**

→ **¡Hacer ejercicio es una muy buena actividad para entrar en modo disperso!**

COMPRUEBA SI LO HAS ENTENDIDO

1. ¿Qué parte de tu cerebro es especialmente importante para recordar hechos y eventos? (Pista: en griego significa «caballito de mar», y tiene una forma muy parecida).
2. ¿En qué se parecen tu cerebro y un equipo de baloncesto de instituto?
3. Cuando tu cerebro produce FNDC, las _____ _____ se hacen más altas y anchas.
4. Enumera cinco beneficios que puede aportar el ejercicio a tu salud.
5. ¿Cuáles son algunos de los elementos de una dieta saludable?

(Cuando hayas terminado, puedes comparar tus respuestas con las que encontrarás al final del libro).

¿Te has dado un paseo por las imágenes, has intentado contestar las preguntas al final del siguiente capítulo y tienes la libreta lista para empezar el próximo capítulo? ❏

Capítulo 12

Crear conexiones neuronales

Cómo no aprender de un tebeo

De pequeña era un poco traviesa.

Mis padres querían que aprendiera a tocar el piano, aunque a mí no me entusiasmaba la idea. Pero hice lo que me pidieron. Más o menos.

Cada semana, mi profesora me mandaba canciones nuevas para practicar en casa. También tenía que tocar las canciones que ya me sabía. ¡Pero era mucho más fácil y divertido practicar las canciones que ya conocía!

Mis padres me oían tocar el piano de fondo, pero nunca prestaban atención a la canción que tocaba.

Así que primero me pasaba cinco minutos practicando la nueva canción. Luego, ponía un tebeo en el atril justo delante de mí. Entonces me dedicaba a tocar las canciones que ya me sabía una y otra vez durante veinticinco minutos mientras me leía el tebeo. En total, practicaba media hora.

¿Estaba realmente mejorando mi habilidad para tocar el piano? ¿O me estaba engañando a mí misma? ¿Y qué hicieron mis padres cuando se dieron cuenta de lo que estaba haciendo?

Convertirse en un experto

Vamos a retroceder un poco y recordar qué son las conexiones neuronales.

Una cadena de conexiones neuronales es un camino de pensamiento bien ejercitado. (Recuerda que puedes imaginarte que es un camino de ratón ancho y claro en medio del bosque). Tu pulpo de la atención puede alargar un brazo fácilmente y agarrar la conexión neuronal adecuada cuando necesita un poco de ayuda para pensar; es decir, siempre que te hayas tomado el tiempo de construirlas. Tener muchas conexiones neuronales relacionadas con un mismo tema es la clave para convertirse en un experto.[12]

---

1. Recuerda que tener muchas conexiones neuronales no es lo mismo que memorizar un gran número de hechos. William Thurston, ganador de la medalla Fields (el mayor premio en matemáticas) probablemente lo expuso mejor cuando dijo: «Las matemáticas son sorprendentemente comprimibles: puede que tengas problemas durante un tiempo para trabajar, paso a paso, sobre el mismo proceso o idea desde distintas perspectivas. Pero una vez logras comprenderlo de verdad y tienes la perspectiva mental para verlo como un todo, llegas a tener una compresión mental enorme. Puedes archivarlo en tu mente y recordarlo muy deprisa y por completo cuando lo necesites, y utilizarlo en un solo paso en algún otro proceso mental. El entendimiento que acompaña a esta compresión es uno de los verdaderos placeres de las matemáticas». Thurston estaba hablando del poder de una cadena de conexiones neuronales hermosamente construida. *(N. de los A.)*

2. Thurston, 1990, págs. 846-847.

¿Ves el puzle que está en la parte superior de la página siguiente? Cada vez que creas una cadena de conexiones neuronales sólida, es como si juntaras unas cuantas piezas de un rompecabezas. A medida que vas creando más conexiones, el puzle va llenándose de piezas. Se empieza a vislumbrar el panorama completo de algún tema. Y aunque todavía te falten algunas piezas por poner, ya puedes hacerte una buena idea del tema. ¡Te has convertido en un experto!

Pero ¿qué ocurre si no practicas con las nuevas conexiones neuronales que están en proceso de creación? Puedes verlo si observas la imagen del rompecabezas desvaneciéndose en la página siguiente. Es como intentar montar un puzle desteñido. No es nada fácil.

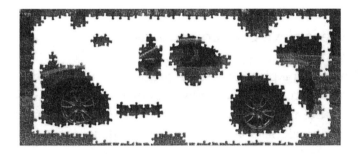

Cada vez que creas una cadena de conexiones neuronales, estás juntando las piezas de un rompecabezas. Cuanto más te esfuerzas en poner en práctica tus conexiones, más ves cómo encajan con otras conexiones. Eso acaba creando cadenas de conexiones más largas.

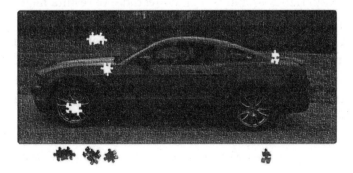

Cuando hayas construido y practicado con bastantes conexiones, ¡podrás ver el panorama completo! Te habrás convertido en un experto.

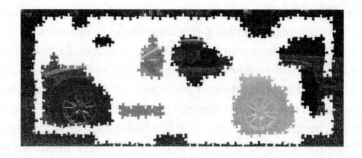

Si no practicas con tus conexiones, empezarán a desvanecerse. Esto hará que te resulte más difícil ver las piezas, y, por lo tanto, te será más difícil montar el rompecabezas.

Dos ideas clave para crear conexiones

Esto nos lleva a plantearnos una pregunta crucial. ¿Cómo podemos crear una cadena de conexiones neuronales? Hay dos ideas claves que te ayudarán a ponerte manos a la obra: una está relacionada con la práctica y la otra con la flexibilidad.

1. Práctica deliberada (frente al aprendizaje perezoso)

Si practicas lo suficiente, acabarás construyendo conexiones neuronales muy sólidas. Pero la manera en que practicas es importante. Cuando tienes una idea bien conectada, te resulta fácil practicarla y te sientes cómodo haciéndolo. Pero esto puede convertirse en un aprendizaje perezoso. El aprendizaje perezoso no estimula la aparición de nuevos bultos en tus dendritas a lo largo del día que luego se convertirán en nuevas conexiones neuronales sólidas mientras duermes. Si eres capaz de leer un tebeo mientras estás practicando, ha llegado la hora de pasar a la tarea siguiente.

La mejor manera de acelerar tu aprendizaje es evitando el aprendizaje perezoso. Si te pasas demasiado tiempo repasando información que ya te sabes, no tendrás tiempo para aprender información nueva.

Esta idea de centrarse en la información más difícil se llama «práctica deliberada».[3] La práctica deliberada es la manera más rápida de convertirse en un experto en lo que sea que estés estudiando.[4]

2. Intercalar (o cómo enseñar nuevas ideas a tus amigos interestelares)

Trabajar la flexibilidad en tu aprendizaje también es muy importante. Deja que te lo demuestre con la siguiente historia; pongamos que haces un nuevo amigo llamado Iker Solar que viene del Sol y sólo está familiarizado con una tecnología mucho más avanzada que la nuestra. Tu nuevo amigo no ha usado nunca antes ni un martillo ni un destornillador.

Quieres enseñar a Iker Solar a utilizar un martillo y un destornillador. Dado que sabes que todos tenemos una carga cognitiva

---

3. Ericsson, 2006.
4. Butler, 2010. Hay dos grandes artículos que explican los métodos que parece ser que funcionan mejor para los estudiantes: Roediger y Pyc, 2012; y Dunlosky *et al.*, 2013. Otros libros dirigidos a adultos que hablan de las investigaciones más recientes sobre aprendizaje y cómo aplicarlo a tu vida son Brown *et al.*, 2014, y, por supuesto, Oakley 2014, 2017. El trabajo de Robert y Elizabeth Bjork en las dificultades deseables también es relevante en este caso. Para leer un resumen, *véase* Bjork y Bjork, 2011.

máxima,[5] vas con cuidado para no abrumarlo dándole demasiada información de una vez.

Empiezas enseñándole a utilizar un martillo. Iker aprende a golpear muchos tipos de clavos diferentes. Después de practicar durante dos horas (Iker Solar es un amigo interestelar un poco torpe), aprende a clavar un clavo; bueno, da en el clavo.

A continuación, le das un tornillo. Para tu sorpresa, Iker Solar empieza a golpear el tornillo contra un tablón de madera.

¿Por qué? Porque si Iker Solar sólo sabe utilizar un martillo, todo le va a parecer un clavo. Está aplicando una técnica errónea para solucionar el problema que tiene delante, ya que no ha estudiado ni practicado en qué ocasiones tiene que emplear cada técnica.

Es importante que no solamente practiquemos una técnica o una idea. También reviste importancia que practiquemos para saber en qué ocasiones tenemos que utilizar cierta técnica o idea. Esta afirmación es válida para cualquier tema que estés aprendiendo.

Practicar diferentes aspectos y técnicas de cualquier tema que estés intentando aprender se llama «intercalar».[6] (Acuérdate de tu amigo interestelar, Iker Solar. Intercalar. ¿Lo pillas?).

---

5. Recuerda: la carga cognitiva es la cantidad de esfuerzo mental que está haciendo la memoria de trabajo. *(N. de los A.)*
6. Rohrer y Pashler, 2010; Rohrer *et al.*, 2014.

A continuación verás unas imágenes que te ayudarán a entender mejor el concepto de intercalar. Cuando estás estudiando un tema cualquiera en clase, pongamos, por ejemplo el tema 7, por lo general, te dan muchos ejercicios para hacer de deberes en casa relacionados con el tema 7.[7] Observa el siguiente ejemplo (el número del ejercicio hace referencia al ejercicio del libro que te ha puesto tu profesor):

Deberes simples

Tema 7 ejercicio 4
Tema 7 ejercicio 9
Tema 7 ejercicio 15
Tema 7 ejercicio 17
Tema 7 ejercicio 22

Pero si intercalas, significa que vas a mezclar otros tipos de ejercicios para así poder ver las diferencias que hay entre ellos. Observa en la página siguiente que los recuadros grises hacen referencia a distintos temas que se mezclan con los ejercicios del tema 7. Así, no sólo sedimentarás tus conocimientos del tema 7, sino que también aprenderás las diferencias entre el tema 7 y los temas 4, 5 y 6.

---

7. Los educadores a veces llaman a estos ejercicios no intercalados ejercicios «en bloque», porque la materia se trabaja en un solo bloque.

Además, intercalar es bueno porque permite que tu pulpo de la atención compare conscientemente distintas técnicas. Esto te ayuda a desarrollar nuevas conexiones decisivas que te permiten entender qué técnica tienes que utilizar. Por otro lado, alternar tareas es perjudicial, porque arrastras a tu pulpo de la atención de un tema a otro. Esto provoca que tu pulpo haga un trabajo innecesario cada vez que cambias de tarea.

A los redactores de libros de texto les suele costar intercalar. Esto se debe a que hay una necesidad natural de hacer que las preguntas al final de cada capítulo se centren en ese capítulo en concreto. ¡Eso significa que somos los lectores los que tenemos que intercalar! *(N. de los A.)*

Deberes intercalados

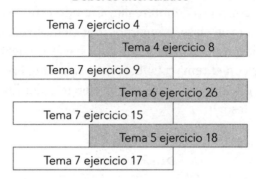

Cuando intercalas distintos temas, es como si pudieras oír decir a tu cerebro: «Un momento, ¿qué es eso? ¡No esperaba volver a este tema!». Pero luego te das cuenta de que empiezas a ver las diferencias que hay entre los distintos temas y que nunca antes hubieras imaginado.

Crear una cadena de conexiones neuronales

Ahora, por fin ya podemos explicarte cuál es la mejor manera de crear cadenas de conexiones neuronales sobre cualquier tema.

Céntrate

El primer paso es el más importante; céntrate. El campeón de la memoria Nelson Dellis ya nos dijo en un capítulo anterior que centrarse es muy importante para memorizar. Pero, en general, centrarse también es importante para cualquier información que quieras vincular. Tienes que tener todos los brazos de tu pulpo de la atención libres. Nada de televisión. Nada de teléfono. Vas a crear nuevas conexiones neuronales, por lo que tienes que concentrarte. Quizás te resulte útil utilizar tu temporizador Pomodoro. Tienes que decirte a ti mismo: «Esto es importante. ¡Tengo que centrarme!».

(¡Psst! ¿Se pueden crear nuevas conexiones neuronales si no estás prestando mucha atención? Es posible. Quizás si la materia es facilísima. Eso sí, tardarás mucho más en crear conexiones).

Hazlo, ¡practica activamente!

Si las conexiones neuronales que estás intentando crear están relacionadas con una acción física, además de centrarte tendrás que ponerlas en práctica. Por ejemplo, si estás aprendiendo a encestar en baloncesto, tendrás que pasar a la acción e intentar hacerlo. Y luego tendrás que volver a repetirlo, pero quizás desde un ángulo distinto. Otra vez. Y otra vez. Y otra vez. Si estás haciendo algo mal, lo sabrás porque no conseguirás encestar la pelota. De igual manera, si estás aprendiendo un nuevo idioma, tendrás que escuchar y repetir en voz alta las palabras nuevas una y otra vez, y, si es posible, conseguir que un hablante nativo te corrija. Si estás aprendiendo a tocar un instrumento, tendrás que practicar las canciones nuevas. Y si estás empezando a dibujar, tendrás que probar distintas técnicas pictóricas. Siempre que sea posible, pide a tus profesores que comenten tus intentos para así poder mejorar.

La clave está en que tú mismo practiques activamente o des vida a lo que estés aprendiendo. Observar a otras personas, mirar las respuestas o leer una página puede que te ayude a ponerte en marcha. Pero no te ayudará mucho a construir tus propias estructuras neuronales de aprendizaje. Recuerda lo que hizo Julius Yego para aprender a lanzar la jabalina. No se limitó a ver pasivamente vídeos de YouTube. Primero se centró en observar las técnicas y luego las practicó activamente.[8]

Practica tus nuevas capacidades durante varios días, asegurándote de dormir bien cada noche. Esto ayudará a que se formen tus nuevas conexiones neuronales. El objetivo es ensanchar los caminos del bosque (reforzar las conexiones) para que tu ratón mental pueda recorrerlos con más facilidad.

También tienes que ir variando un poco lo que estés practicando. En fútbol, tienes que aprender a regatear, a hacer pases y pases cruzados, o a chutar. Y también tienes que saber hacer una vaselina. ¡No se trata de darle a la pelota de cualquier manera! Todas estas habilidades son diferentes, pero están interrelacionadas. Para convertirte en un experto en fútbol, tienes que practicar cada habilidad por separado durante el entrenamiento, y después de una manera intercalada. El objetivo es conseguir reaccionar automáticamente cuando estés en medio de un partido.

Tienes que hacer lo mismo tanto si estás aprendiendo a hacer artes marciales, a bailar, a hablar otro idioma, a hacer calceta, a soldar, a hacer origami o a hacer gimnasia. La clave está en practicar deliberadamente e intercalar. Céntrate primero en lo más difícil y mézclalo con el resto. Así es como conseguirás convertirte en un experto.

---

8. Phillips, 1995; Kirschner *et al.*, 2006.

Consejos específicos para aprender matemáticas, ciencias y otras materias abstractas

Pensemos que estás intentando crear una cadena de conexiones neuronales sobre matemáticas o ciencias. Intenta ver si puedes resolver un ejercicio por ti mismo. Esfuérzate y escribe tu respuesta a mano. No te limites a mirar la solución y a decir: «Claro, ya lo sabía...».

¿Tuviste que mirar la solución para ayudarte un poco? Si es así, no pasa nada, pero entonces tienes que centrarte en lo que has pasado por alto y en lo que no has entendido.

A continuación, intenta volver a resolver este ejercicio sin mirar la solución. Y luego, hazlo otra vez. Practica durante unos días.

¡Intenta no mirar la solución!

Al principio puede que el ejercicio te parezca tan difícil que creas que nunca vas a poder resolverlo. Pero con el tiempo te parecerá tan fácil que te preguntarás cómo es posible que antes lo encontraras tan difícil. Al final, no tendrás ni que escribir la solución con un lápiz. Cuando mires el ejercicio y reflexiones un poco, la solución fluirá rápidamente por tu mente, como si se tratara de una canción. Eso significa que habrás conseguido crear una buena cadena de conexiones neuronales.[9]

---

9. Rittle-Johnson *et al.*, 2015.

Observa un detalle importante. En realidad, estarás utilizado la técnica de recordar activamente para ayudarte a crear nuevas conexiones neuronales. Tal y como ya hemos mencionado antes, recordar activamente es una de las técnicas más poderosas que existen para mejorar tu aprendizaje.

La idea clave de esta sección es que no debes memorizar la solución a ciegas. Tienes que observar los ejercicios y aprender a construir tus propias conexiones neuronales. Una vez formada esta sólida y preciosa cadena de conexiones, resultará sencillo agarrarla y traerla a la memoria de trabajo cuando la necesites. Si practicas lo bastante resolviendo un ejercicio por tu propia cuenta (¡sin mirar la solución!), cada paso que des en dirección a la solución te susurrará cuál es el próximo.[10]

Uno de los mayores motivos por los que sacaba malas notas en matemáticas cuando era adolescente era que miraba las respuestas al final del libro. Me engañaba a mí mismo diciéndome que ya sabía llegar a aquellas soluciones. ¡Estaba muy equivocado! Ahora, de adulto, he tenido que volver a aprender matemáticas. ¡Pero por lo menos ahora sé que no debo engañarme a mí mismo!

—Richard Seidel

---

10. Memorizar alguna información ocasionalmente, como, por ejemplo, las tablas de multiplicar, puede ser de gran ayuda. Esto se debe a que tu cerebro, por naturaleza, comienza a analizar los patrones y las relaciones a medida que vas incrustando las tablas en tu cerebro. El proceso de incrustación te ayudará a comprender mejor los números y cómo se relacionan entre ellos. Sin embargo, nunca es una buena idea memorizar algo sin comprender lo que estás haciendo. (Sería como memorizar una palabra en un idioma extranjero sin entender lo que significa. ¿Cómo podrías volver a utilizar esa palabra más adelante?). Y cuanto más practiques resolviendo una gran variedad de ejercicios, más ampliamente y en profundidad comprenderás los números. *(N. de los A.)*

Consejos específicos para mejorar tu forma de escribir

¡Las técnicas que hemos explicado para mejorar tus habilidades matemáticas y científicas son muy parecidas a las que puedes utilizar para mejorar tu forma de escribir!

En su época adolescente, el conocido político Benjamin Franklin escribía muy mal. Pero decidió pasar a la acción y poner remedio a aquella situación. Para ello, tomaba como ejemplo textos excelentemente escritos, e iba anotando una o dos palabras clave al lado de algunas de las frases. Luego intentaba recrear esas frases en su mente, empleando las ideas clave como pistas. Al comparar sus frases con los textos originales, veía con claridad que las originales eran mucho mejores que las suyas, ya que tenían un vocabulario más rico y utilizaban una prosa mejor. Benjamin practicó con aquella técnica una y otra vez. ¡Y poco a poco llegó incluso a poder mejorar los textos originales!

En su época de adolescente, el conocido político Benjamin Franklin era un terrible escritor. Pero decidió poner remedio a esa situación desarrollando de manera activa sus conexiones de escritura.

A medida que la escritura de Benjamin fue mejorando, se retó a sí mismo a escribir poesía con esas anotaciones. Luego empezó a mezclar esas anotaciones para aprender por su propia cuenta a escribir de forma ordenada.

Observa que Benjamin no se limitó a sentarse y a memorizar ejemplos de buena escritura. Al contrario, reforzó activamente su cadena de conexiones de buena escritura para poder extraerla con más facilidad de su mente.

¿Se te ocurre algún método similar que podrías utilizar si quisieras mejorar tus habilidades artísticas?

Volviendo al piano

Entonces, ¿estaba realmente aprendiendo a tocar el piano mientras leía tebeos? ¡Por supuesto que no! Me salté casi todas las normas para poder aprender bien. No me centré de una manera deliberada en las canciones nuevas más difíciles. En su lugar, opté por un aprendizaje perezoso, ya que sobre todo tocaba las canciones que ya me sabía bien. Es verdad que dormía después de aprender algo nuevo, pero teniendo en cuenta que tan sólo invertía cinco minutos al día en estudiar esa información nueva, no es de extrañar que no hiciera muchos progresos. Tampoco estaba aprendiendo suficiente información nueva como para ser capaz de intercalar nada. Dado que no mejoraba con rapidez, con el tiempo fui perdiendo el poco interés que tenía por el piano. Mis padres nunca se dieron cuenta de que los engañaba ni de que me engañaba a mí misma. Lamento decir que a día de hoy soy completamente incapaz de tocar el piano. Y es una verdadera pena por partida doble, ya que los estudios demuestran que aprender a tocar un instrumento musical aporta muchos beneficios a tu cerebro. Te ayuda a aprender otras habilidades mucho más deprisa.

La señora Suerte favorece a los que lo intentan

Quizás estés pensando: «Pero Barb, ¡hay tanto que aprender! ¿Cómo puedo crear tantas conexiones neuronales si estoy intentando aprender algo nuevo, abstracto y difícil?».

La respuesta más corta es que simplemente no puedes aprenderlo todo. Lo mejor que puedes hacer es escoger algunos conceptos clave y convertirlos en enlaces neuronales. Y vincularlos bien.

Tienes que recordar lo que a mí me gusta llamar **la ley de la serendipia; la señora Suerte favorece aquellos que lo intentan.**

Simplemente, céntrate en cualquier página que estés estudiando. Déjate guiar por tu intuición para determinar cuál es la información más importante que tienes que vincular. Verás que en cuanto consigas meter el primer ejercicio o concepto en tu biblioteca de conexiones cerebrales, sea cual sea, te resultará mucho más sencillo introducir un segundo concepto. Y el tercero te resultará todavía más sencillo. Nunca llegará a ser coser y cantar, pero cada vez será más fácil.

Si te esfuerzas, te sonreirá la buena fortuna.

La señora Suerte favorece a aquellos que lo intentan.

Detente y recuerda

¿Cuáles son las ideas principales de este capítulo? Recuerda que tienes que felicitarte por haber terminado de leer este capítulo. ¡Todos los logros merecen una palmadita mental en la espalda! Cierra el libro y mira para otro lado cuando lo intentes.

Marca esta casilla cuando hayas terminado: ❏

¡Ahora te toca a ti!
Crea conexiones mentales para convertirte en un experto[11]

→ Escoge una materia en la que realmente quieras mejorar. Piensa en las capacidades o el conocimiento que deberías practicar de manera deliberada para poder progresar. Identifica las tareas específicas que deberías hacer para conseguirlo. Establece con mucha claridad cuál será la señal que te indique que has alcanzado un nivel de maestría suficiente como para dejar de centrarte en esta tarea y comenzar a practicar deliberadamente otras más complejas.

→ Recorta cartulinas de colores en varias tiras para crear tu propia cadena de conexiones neuronales. Cada tira representará un eslabón de la cadena de conexiones neuronales. Si lo deseas, puedes utilizar cartulinas de colores diferentes para indicar las distintas categorías o tipos de tareas, o simplemente para crear una divertida cadena multicolor.

→ Escribe una tarea en cada una de las tiras de papel. A continuación, convierte cada tira de papel en un eslabón. Pega los dos extremos de una tira de cartulina con cinta adhesiva, y luego añade otro círculo, y otro, siempre asegurándote de que lo que has escrito esté en la parte exterior del círculo para que puedas leerlo con facilidad. Esta cadena simboliza los retos que tendrás que practicar de manera deliberada cada vez que comiences a estudiar esta materia.

→ Cuando ya domines por completo una tarea, corta el eslabón y añádelo a la cadena de tareas dominadas. Esta cadena de conexiones neuronales se hará más y más larga a medida que vayas superando nuevos retos, y también puedes ir agregando nuevas tareas en las que practicar deliberadamente en la otra cadena para tener una lista práctica de tareas en las que te gustaría centrarte.

---

11. Muchas gracias a Zella McNichols por la idea (correspondencia por correo electrónico, Jeremiah McNichols, 7 de diciembre de 2017).

Zella ha creado una cadena de conexiones para mejorar su capacidad de tocar la guitarra. Ha utilizado un eslabón para poner el título, «Guitarra», y luego ha creado eslabones para añadir a la cadena de las tareas en las que le gustaría centrarse para practi-carlas deliberadamente. Dos de estos eslabones son acordes nuevos que tiene que dominar, el C9 (Do9) y el G (Sol). Y los otros dos son tareas que le parecen importantes y complejas para la fase de aprendizaje en la que se encuentra: escribir la tablatura de los acordes que ya se sabe y practicar una canción utilizando esos mismos acordes.

Palabras claves relacionadas con la psicología

Aprendizaje activo: practica de cualquier cosa de un modo activo por ti mismo para que lo que estás aprendiendo cobre vida. Observar cómo lo hacen otras personas, mirar la solución o leer una página puede servir para ponerte en marcha. Pero no resultará muy útil para construir tus propias estructuras neuronales de aprendizaje. Solamente conseguirás construir conexiones neuronales fuertes si trabajas de una forma activa con la nueva información que estés aprendiendo.

Recordar activamente: volver a evocar en tu mente una idea, sobre todo sin tener ni tus notas ni los libros delante de ti. Está demostrado que simplemente recordar las ideas clave de lo que estás aprendiendo es una muy buena manera de comprenderlas.

Amnesia: incapacidad de poder recordar nuevos hechos o eventos en tu vida.

Carga cognitiva: cantidad de esfuerzo mental que tu memoria de trabajo está realizando en un momento dado. Si te están presentando demasiadas ideas a la vez y, por lo tanto, tienes una gran carga cognitiva, te resultará más difícil aprender esa nueva información.

Práctica deliberada: introducción en aquello que te resulte más difícil. La acción contraria es el «aprendizaje perezoso», es decir, practicar repetidamente lo que te resulta más fácil.

Memoria de hechos: utilizamos la palabra «hecho» para indicar una información más bien abstracta. Los hechos pueden ser más difíciles de almacenar a largo plazo que las imágenes. (Los psicólogos utilizan el término «memoria semántica» para referirse a este tipo de memoria a largo plazo que consiste en conocimientos generales, como, por ejemplo, nombres de colores y otros hechos básicos que se adquieren a lo largo de la vida).

Intercalar: practicar diferentes aspectos de lo que estás intentando aprender para poder comprender mejor las diferencias existentes entre cada técnica. Con el capítulo 4 de tu libro de texto de algebra aprenderás un tipo de técnicas para solucionar ciertos ejercicios, mientras que con el capítulo 5 aprenderás unas técnicas diferentes para solucionar otro tipo de ejercicios. Intercalar significa alternar entre los problemas del capítulo 4 y 5 para aprender cuál es el momento indicado para utilizar cada una de estas técnicas distintas.

Memoria a largo plazo: es como nuestra taquilla cerebral, un espacio donde almacenar tus recuerdos a largo plazo. En tu memoria a largo plazo puedes almacenar una gran cantidad de información. Es donde se guardan las cadenas de conexiones neuronales.

Memoria en imágenes: utilizamos este término para referirnos al tipo de recuerdos que incluyen imágenes. Es más sencillo almacenar imágenes que hechos en tu memoria a largo plazo. (Los psicólogos utilizan el término «memoria episódica» para referirse a la memoria en imágenes).

Memoria de trabajo: espacio de almacenamiento temporal del cerebro. Imagina que la memoria de trabajo es como un pulpo con cuatro brazos. Solamente puede retener unos cuatro elementos en tu memoria de trabajo al mismo tiempo. El pulpo de tu memoria de trabajo puede alargar sus brazos hacia la memoria a largo plazo para conectar con las cadenas de conexiones neuronales que ya tienes allí creadas y guardadas.

EN RESUMEN

→ Mirar la solución u observar a otra persona mientras practica puede ayudarte a ponerte en marcha para aprender algo nuevo. Pero sólo mirando y observando no podrás construir conexiones cerebrales. **Trabajar activamente en un problema o hacer una actividad es lo que crea nuevas conexiones neuronales.**

→ **Puedes crear y fortalecer cadenas de conexiones neuronales a través de la práctica deliberada.** Es decir, centrándote y trabajando de manera repetida en las partes más difíciles de un concepto. No pierdas mucho tiempo en las cosas sencillas que ya conoces.

→ **Intercalar es otra actividad muy importante para crear una cadena de conexiones neuronales expertas.** Alterna entre distintos ejercicios relacionados con un mismo tema. Así conseguirás hacerte una idea general del tema en cuestión. Con el tiempo, tus neuronas se irán conectando y acabarás completando el puzle entero.

→ **Practica la técnica de recordar activamente.** Ponte a examen. Pide a alguien que te haga preguntas.

→ **Enseña a tu madre, a tu padre o a un amigo una idea que te parezca difícil.** Intenta hacerlo sin mirar tus notas. Ésta es también una de las mejores maneras de fortalecer tus conexiones neuronales, y, además, serás consciente de las lagunas que puedes tener en tu conocimiento.

→ Recuerda lo que aprendiste en el primer capítulo: **pasea por las imágenes.** Esto ayudará a que tu mente esté preparada para enfrentarse a lo que estás a punto de aprender.

¿Te has dado un paseo por las imágenes, has intentado contestar las preguntas al final del siguiente capítulo y tienes la libreta lista para empezar el próximo capítulo? ❏

Capítulo 13

Plantéate las preguntas importantes

¿Deberías escuchar música mientras estudias?

Quiero que cierres los ojos. ¡Ups! ¡Todavía no! Hazlo después de terminar de leer este párrafo. Imagínate que te estás observando desde el techo. Ciérralos ahora.

¿Has visto tu pelo? ¿Y la ropa que llevas puesta? ¿Tenías cara de estar concentrado? ¿Qué tipo de estudiante has visto desde allí arriba?

¿Qué opina tu «yo del techo» sobre lo que has aprendido hoy? ¿Te has convertido en un estudiante efectivo? Recuerda que llevas unos detectores de mentiras incorporados: ¡tus espinas dendríticas!

Convertirse en un artista y un científico

Nos gustaría que te convirtieras en un científico del aprendizaje. ¿Y qué tendrías que estudiar? Pues a ti mismo. Queremos que retrocedas un poco y mires lo que estás haciendo desde el techo.

¿Y cuál sería tu primer experimento? La música. Hay gente que dice que no deberías escuchar música mientras estudias. Pero todos somos diferentes y tenemos gustos distintos. ¿A ti te ayuda escuchar música cuando estudias? ¿O te distrae?

Vas a convertirte en un científico del aprendizaje, por lo que vas a tener que hacer algunas observaciones. Tienes que observarte mientras aprendes y pensar en lo que funciona y lo que no funciona en tu caso. Hay personas que prefieren anotar sus observaciones en una libreta. Sabemos que eres un estudiante muy ocupado, pero tenemos una sugerencia que podrías intentar hacer durante unos días si tienes ganas, aunque somos conscientes de que esta idea no le va a servir a todo el mundo: al final de cada día, escribe la fecha en una hoja de papel. Y, a continuación, haz un pequeño dibujo que simbolice tu día. Tú dibuja algo independientemente de si has tenido un buen día o no, y no hace falta que sea una obra de arte. No deberías tardar más de treinta segundos en hacerlo.

Obsérvate a ti mismo desde el techo. ¿Cómo va tu aprendizaje?

¿Qué has dibujado? ¿Una mano con el pulgar hacia arriba? ¿Una flor? ¿Una rana? ¿Una bota? Lo único que importa es que el dibujo tenga algún sentido para ti.

Luego, si lo estás anotando en una libreta, podrías añadir unas pocas frases sobre cómo ha ido tu aprendizaje ese día. Recuerda que se supone que te estás observando desde el techo. El objetivo es adquirir una perspectiva objetiva y tranquila. Te estás comportando como un científico. ¿Cómo ha ido tu aprendizaje? ¿Has hecho algún Pomodoro? ¿Cuántos? ¿Dos? ¿Tres? ¿Has hecho algo especialmente bien? ¿Hay algo que podrías haber hecho mejor? ¿Hay algo a destacar en tu aprendizaje de hoy? (Por cierto, los estudios han demostrado que para dormirte más deprisa, lo mejor que puedes hacer es una lista de tareas que quieras realizar al día siguiente. Si lo haces, liberarás espacio en tu memoria de trabajo, por lo que podrás relajarte y dormir mejor).

Si no te ha gustado mucho la idea de la libreta porque tienes la sensación de que estás haciendo los deberes, no pasa nada, pero podrías intentar hablar con un compañero de estudios, o tu madre o padre sobre cómo ha ido tu aprendizaje ese día. Plantéate las mismas preguntas.

Por ejemplo, ¿te pusiste música para estudiar? Si, de hecho, lo hiciste, ¿te absorbió por completo y te distrajo de tus estudios? ¿O te relajaste al escucharla de fondo? Es importante que seas muy honesto.

Mientras reflexiones sobre tus observaciones, intenta discernir algún tipo de patrón. Por ejemplo, ¿estudias mejor después de haber dormido bien toda la noche? ¿Y después de ir a correr? Si dejas el teléfono encendido mientras estudias, ¿te distraes? ¿O, por el contrario, tu teléfono tiene un temporizador Pomodoro que te ayuda a incrementar tu concentración? ¿Eres más productivo cuando escuchas cierto tipo de música de fondo? ¿O estudias mejor cuando no escuchas absolutamente nada de música?

¿Te estás preguntando qué dicen los científicos sobre los efectos de la música en tus estudios? Estamos a punto de explicártelo. Pero primero queremos hablarte de otros factores sorprendentes que pueden afectar a tu aprendizaje.

Estudiar en distintos sitios

Piensa en el lugar donde estudias. ¿Lo haces siempre en tu habitación? ¿En la biblioteca? ¿En casa de un amigo? ¿En medio de la naturaleza? ¿O vas cambiando? Puede que al principio te parezca raro, pero, en realidad, ir cambiando el sitio donde estudias puede ser beneficioso.[1]

¿Por qué? Pues el motivo tiene que ver con tu amigo el pulpo de la atención. Los pulpos de la vida real tienen unas ventosas que les

---

1. Baddeley *et al.*, 2009, capítulo 8.

ayudan a pegarse a las cosas; en nuestra metáfora, las ventosas es lo que hace que la información que aprendes se pegue o se caiga de los brazos de tu pulpo.

Mientras tu pulpo de la atención está ayudándote a comprender lo que sea que estés estudiando, no puede evitar captar otros elementos aleatorios que tiene a su alrededor. Por ejemplo, si comienzas a estudiar geometría en la biblioteca, por un lado, tu pulpo estará ayudándote a comprender esa materia en concreto. Pero a la vez estará captando sutilmente las sensaciones, los olores y el aspecto de la biblioteca.

Se pega un poco de sabor a biblioteca a las conexiones

Si siempre estudias geometría en la biblioteca, tu pulpo relacionará esa materia con ese lugar. Cuando agarre una cadena de conexiones de geometría de tu memoria a largo plazo, tendrá trocitos de biblioteca pegados, aunque es posible que tú no te des cuenta. Tu pulpo ya espera que las conexiones de geometría sepan y huelan a biblioteca.

¿Y eso que tiene de malo?

Pues que normalmente no haces los exámenes en la biblioteca.

Si siempre estudias en la biblioteca pero tus exámenes son en una clase de la escuela, tu pulpo podría confundirse. Puede que cuando estés en la clase, tu pulpo tenga problemas para encontrar las cadenas de conexiones de geometría que necesita porque no tendrá ningún olor a biblioteca para guiarlo. Eso podría provocar que te fuera peor el examen.

Así que ¡es mejor que estudies en varios sitios diferentes siempre que sea posible! Sabemos que por lo general las escuelas no ofrecen una gran variedad de sitios para estudiar, pero cuando estés estudiando en casa intenta ir cambiando de habitación.

Así, tu pulpo de la atención se acostumbrará a encontrar información en tu taquilla de la memoria a largo plazo con independencia de dónde estés estudiando. Si los lunes estudias geometría en la biblioteca, el martes hazlo en casa y el miércoles en el parque, o simplemente estudia cada día en una estancia diferente de tu casa. Con el tiempo, tu pulpo se acostumbrará a encontrar tus conexiones neuronales estés donde estés. ¡Eso hará que te vaya mejor el examen!

Sé creativo e inventa tus propios trucos para que tu lugar de estudio sea diferente. Por ejemplo, podrías cambiar la silla de sitio. O escribir con un bolígrafo de un color diferente. O mover una lámpara. ¡Lo que sea para cambiar un poco el entorno donde trabajas!

El problema de enfrentar el aprendizaje auditivo con el visual

Los científicos coinciden en que cada persona procesa la información de manera diferente. Esto nos lleva a hablar de alumnos auditivos, visuales o kinestésicos.[2] La idea es que hay personas que aprenden mejor escuchando, otras visualizando y otras tocando.

Por desgracia, las investigaciones demuestran que si nos apoyamos solamente en nuestro estilo de aprendizaje favorito, es decir, si usamos un sólo estilo de aprendizaje en vez de todos ellos, redu-

---

2. Se pronuncia «ki-nes-TÉ-si-co». Significa aprender a través del tacto. Por ejemplo, para aprender sobre distintos objetos como la miel, una esponja o un tornillo de acero puedes no solamente mirarlos, sino también tocarlos. (N. de los A.)

ciremos nuestra habilidad de aprender de otra manera.[3] Por ejemplo, si tú te consideras un estudiante auditivo, seguramente intentarás aprender escuchando. ¿Y cuál va a ser el resultado? Que practicarás menos la lectura. Y entonces, ¿cómo se supone que vas a hacer bien un examen si nunca practicas la lectura?

Aprendemos mejor cuando empleamos distintos sentidos: el oído, la vista y, quizás especialmente, el tacto de nuestras manos. En lo más profundo de tu cerebro, ves y escuchas a la vez. Ves y hueles. Oyes y tocas. Es por eso que lo mejor es tener todos los sentidos posibles activados cuando tu cerebro esté creando sus propias impresiones del mundo.

Así que, cada vez que intentes aprender algo nuevo, trata de aprovechar todos tus sentidos. Actúa como si no tuvieras un estilo de aprendizaje favorito. Imagina que eres un alumno con todos los sentidos incluidos. Si escucharas a un conocido personaje histórico hablándote, o visualizaras un elemento químico, estarías practicando un aprendizaje multisensorial, el tipo de aprendizaje más efectivo que existe. Para todo el mundo.

¡Dormir es incluso más importante de lo que te imaginas!

Aquí tienes otra pregunta que podrías hacerte en tu diario de aprendizaje: ¿has dormido lo suficiente? Puede que esto te sorprenda, pero el simple hecho de estar despierto crea sustancias

---

3. Parte de la información de esta sección ha sido extraída del vídeo en inglés de Barb en su MOOC: www.coursera.org/lecture/mindshift/2%E2%80%919%E2%80%91integrate-all-your-senses-into-learning-the-pitfalls%E2%80%910f%E2%80%91learning-styles-K0N78. *Véanse* las investigaciones de Beth Rogowsky en Rogowsky *et al.*, 2015. *Véase* también el seminario en línea de Beth con Terry: www.brainfacts.org/for-educators/for-the-classroom/2016/learning-styles-hurt-learning-101216. En este seminario en línea, Beth comenta que los profesores que se centran en enseñar únicamente el estilo de aprendizaje que ellos consideran correcto pueden acabar con una denuncia. También puedes consultar Coffield, 2012, y la excelente discusión en Willingham, 2010.

tóxicas en tu cerebro. Cuanto más tiempo estás despierto, más toxinas se acumulan. ¡Qué idea más espantosa!

En realidad no es tan horrible como parece. Cuando duermes, tus células cerebrales se encogen y los fluidos cerebrales expulsan las toxinas venenosas a través de los huecos que se forman entre estas células.[4] Y así, cuando te despiertas, ya no queda ninguna toxina en tu cerebro. De la misma manera que reiniciamos los ordenadores para eliminar cualquier tipo de error, tu cerebro se reinicia cuando te despiertas después de una buena noche de descanso. ¡Así es como funciona tu actualización nocturna!

Si no duermes las horas suficientes, no tendrás tiempo de expulsar todas las toxinas. Empezarás el día atontado, bloqueado, e incapaz de pensar con claridad. Además, tus neuronas no tendrán nuevas sinapsis. Tu ratón mental no habrá tenido tiempo de recorrer los caminos y crear nuevas conexiones. ¡Qué fracaso!

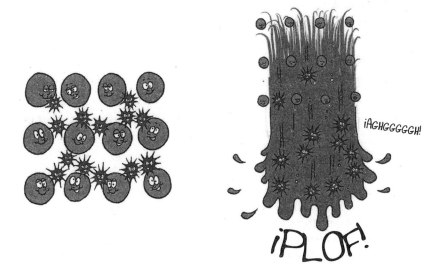

Cuando duermes se te encogen las neuronas, cosa que permite expulsar las toxinas de tu cerebro.

---

4. Xie *et al.*, 2013.

Dormir es la actividad para entrar en modo difuso por excelencia. Cuando duermes, las ideas, las imágenes y los conocimientos fluyen libremente por tu cerebro. Se activan distintas áreas del cerebro, se conectan de formas creativas y trabajan juntas para resolver cualquier problema. A veces, cuando no estamos seguros de algo, decimos que «tenemos que consultarlo con la almohada». Tu cerebro dormido es muy bueno averiguando lo que debes hacer incluso aunque no estés centrado en ese problema.

Las siestas también pueden ayudarte a aprender. Al igual que el sueño nocturno, una siesta permite que la información que temporalmente se ha almacenado en el hipocampo se traslade a la memoria a largo plazo situada en otras partes de tu cerebro. Esto hace que tu hipocampo se vacíe, por lo que te resultará más sencillo retener cualquier información nueva que quieras absorber después de una siesta. Pero no cometas el error de pensar que hacer varias siestas durante el día equivale a una buena noche de descanso. Porque no es así.

Después de leer todo esto, es posible que te estés preguntando cuántas horas deberías dormir. Aunque cada persona es diferente, en general deberías reservarte por lo menos ocho horas cada noche para poder dormir, es decir, tanto para conseguir dormirte como para estar durmiendo.[5], [6] Deberías reservarte estas ocho horas para poder dormir durante todos los días de la semana, ya que

5. Tal y como explica el investigador del sueño Matthew Walker, debido a nuestros genes, alrededor del 40% de la población está compuesto por personas de mañana a las que les gusta despertarse temprano. Otro 30% son personas nocturnas a las que les gusta irse a dormir tarde y despertarse tarde. Y el resto de personas son una mezcla entre estos dos tipos. A diferencia de los adultos, los adolescentes suelen tener un reloj del sueño interno que les hace ser más bien nocturnos. Esto provoca que a los adolescentes les resulte muy difícil acostarse temprano, incluso aunque quieran hacerlo. Por desgracia, muchas escuelas empiezan muy temprano y, en consecuencia, los adolescentes no pueden dormir las horas que quieren y necesitan. Algunas escuelas ya han cambiado sus horarios y ahora empiezan más tarde, cosa que ha provocado un incremento significativo de las notas de los alumnos. *(N. de los A.)*

6. Walker, 2017.

no sirve de nada recuperar horas de sueño durante el fin de semana. **Dormir es lo mejor que puedes hacer para estar listo para afrontar el día y mantenerte sano.** Los adolescentes y las personas más jóvenes a veces necesitan dormir incluso más de ocho horas cada noche.

Para ayudarte a dormir bien, evita cualquier aparato que emita luz azul cuando anochezca, como, por ejemplo, iPads, pantallas de ordenador y teléfonos inteligentes. También puedes descargarte aplicaciones para bloquear la luz azul.

Al igual que ingerir arsénico, no dormir lo suficiente puede acarrear consecuencias negativas a largo plazo. La falta de sueño permite que las sustancias tóxicas se acumulen por todo tu organismo, provoca que seas más propenso a enfermar, a padecer cáncer y a todo tipo de problemas mentales. Además, la falta de sueño también detiene el crecimiento de nuevas neuronas y sinapsis, por lo que resulta mucho más difícil aprender.

Así que, si has decidido escribir un diario de aprendizaje, anota también cuantas horas dormiste la noche anterior y mantén un registro de cómo te vas sintiendo. Esto te ayudará a hacerte una idea de si duermes todo lo que necesitas. Si te encuentras cansado y te duermes durante el día, significa que definitivamente no estás durmiendo lo bastante.

Y otra cosa. Si trabajas un poco en modo centrado justo antes de acostarte, es más probable que sueñes con lo que estás estudiando. Y soñar con lo que estudias te ayudará en tus exámenes. Se te pegará mejor la información.[7]

Convierte el sueño en una de tus prioridades principales. No estudies hasta tarde antes de un examen. Te resultará más difícil hacerlo bien. ¡Hacer un Pomodoro con el cerebro bien fresco es mucho mejor que hacer tres pero con un cerebro cansado!

---

7. Siguiendo con este tema, un estudio reciente (Settles y Hagiwara, 2018) demuestra que los mejores alumnos de la aplicación para aprender idiomas Duolingo fueron los que repasaban justo antes de irse a dormir, incluso durante los fines de semana.

¡Cómete primero tus ranas!

«Cómete primero tus ranas» significa que cuando te pongas a estudiar es mejor que empieces por lo más difícil o por lo que menos te apetezca. Así, en el caso de que te quedes atascado, podrás tomarte un descanso y trabajar en otra cosa. Esto permitirá que tu modo disperso trabaje en un segundo plano para que puedas seguir avanzando cuando vuelvas a esta tarea. Es posible que incluso termines tus tareas más difíciles al poco tiempo de estar trabajando, cosa que te hará sentir genial. (Si te gusta comer ranas, tendrás que cambiar la metáfora, por supuesto. Hay personas que utilizan la siguiente metáfora: «¡Guárdate las galletas para el final!»).

Márcate una hora para terminar

Un último consejo. Te resultará de gran ayuda si cada día te marcas una hora para terminar de estudiar. Sabemos que la escuela controla gran parte de tu horario, pero cuando estés haciendo los deberes, márcate una hora para terminar siempre que te sea posible.

Por ejemplo, Cal Newport siempre se fijó las cinco de la tarde para dejar de estudiar durante su carrera universitaria. Acabó obteniendo un doctorado (el título universitario más elevado) en informática en la MIT, una de las mejores universidades del mundo, así que a él le funcionó. (Quizás te apetezca leer algunos de sus libros, como, por ejemplo, *How to Become a Straight-A Student*). Cal insiste en que no es un cerebrito por naturaleza. Pero explica que descubrió que si se marcaba una hora para terminar, se centraba más intensamente en estudiar durante el día. Y al terminar, tenía toda la tarde para relajarse y disfrutar de la vida con sus amigos. Cal consiguió reducir sus niveles de estrés aprendiendo a centrarse intensamente durante las horas que dedicaba a estudiar.

Cal recomienda seguir el ritual de apagado que él mismo utiliza cuando tiene que dejar de trabajar. Podrías hacer algo similar. Imagina que eres un piloto de avión. Cuando llegue la hora señalada, haz una cuenta atrás que termine con «¡Apagar todos los sistemas!».

Sin embargo, puedes hacer una excepción. Antes de irte a dormir, puedes tomar algunas notas más en tu diario de aprendizaje o reflexionar sobre cómo te ha ido el día. También puedes echar un último vistazo a una información que estés intentando reforzar. Esto estimulará tus sueños y tu aprendizaje. Pero intenta mantenerte alejado de las pantallas retroiluminadas como mínimo una o dos horas antes de acostarte, es decir, nada de ordenadores ni de teléfonos inteligentes. Las pantallas retroiluminadas envían unas señales a tu cerebro que dicen: «¡Despierta!». Y esto hace que a tu cerebro le cueste dormir.

Conclusión del capítulo: volvamos a la música

En este capítulo hemos hablado sobre muchas cosas. Ahora que estamos terminando, prometemos explicarte lo que dicen las investigaciones sobre escuchar música mientras estudias.

Los científicos han llegado a la siguiente conclusión: ¡no están seguros![8] A veces, la música puede resultar de gran ayuda, pero sólo para algunas personas. Otras veces, en cambio, la música puede engañarte y hacerte creer que te está ayudando cuando en realidad no es así.

---

8. Patston y Tippett, 2011; Shih *et al.*, 2012; Thompson *et al.*, 2012.

Es precisamente por eso por lo que es tan importante que te conviertas en un científico del aprendizaje. Si observas tu propio proceso de aprendizaje como si fueras un científico, podrás ver el efecto que la música o cualquier otro factor puede llegar a tener en ti.

El único consejo que la ciencia puede darnos sobre la música es el siguiente. Parece ser que tu pulpo de la atención se distrae más fácilmente si la música está muy fuerte o si tiene letra. Si tiene letra, mantendrá ocupado uno de los brazos de tu pulpo de la atención, por lo que serás menos eficiente. Pero la música más tranquila y sin letra puede resultar de ayuda en ciertas ocasiones, dependiendo de lo que estés estudiando. Sin embargo, debes tener en cuenta que probablemente no habrá música en la habitación donde hagas el examen (¡a no ser que estés cerca del aula de música de la escuela!).

En conclusión, no pasa nada si te apetece escuchar música mientras estudias. Pero ve con cuidado. Vas a tener que hacer una prueba y ver si a ti te funciona. Sé sincero contigo mismo.

¡Ahora te toca a ti!
Piensa igual que un científico del aprendizaje

Hoy es un buen día para empezar a implementar un nuevo hábito: reflexionar sobre tu aprendizaje. Los científicos lo observan todo detenidamente e intentan identificar patrones, y tú también deberías hacerlo. No importa si decides utilizar un diario o adoptar el hábito de pensar en cómo te ha ido el día, lo importante es que reflexiones. Recuerda que debes observarte como si estuvieras mirando desde el techo. ¡Te acostumbrarás con tanta rapidez a hacerlo que podrás ver las actividades que has realizado durante el día con el ojo de tu mente incluso aunque tengas los ojos abiertos!

Te resultará especialmente valioso pensar como un científico del aprendizaje justo después de hacer un examen. Si te ha ido bien, ¿qué es lo que has hecho bien? Y si no, ¿qué es lo que te ha ido mal? ¿Qué partes no te sabías bien? ¿Cómo estudiaste para esas partes? ¿Qué puedes mejorar para la próxima vez?

A continuación, verás un ejemplo de la información que podrías anotar en tu diario, o sobre la cual podrías reflexionar al final del día:

Mi diario de aprendizaje: página de muestra[9], [10]

Fecha:_____ Tu símbolo del día:

¿Cómo me he preparado?

¿Cuántas horas he dormido esta noche? _____ horas.

¿Durante cuántos minutos he hecho ejercicio hoy? _____ minutos.

¿Qué alimentos he comido hoy? ❑ Fruta ❑ Verdura ❑ Frutos secos

❑ Alimentos ricos en proteínas

❑ Nada de comida basura

¿Dónde? ¿Qué? ¿Cuándo?

Mi mochila y mi taquilla

Nueva información aprendida	Información recordada y repasada

¿Dónde he estudiado?

Sitio 1: _____   Sitio 2: _____

Sitio 3: _____

Cuántos Pomodoros he hecho hoy (táchalos): ● ● ● ● ● ●

Algunas de las cosas inteligentes que he hecho hoy:

¿Me he comido alguna rana?

¿Me he enfrentado a algún examen?

¿He enseñado algo a otra persona?

¿He hecho una lista de cosas por hacer para hoy?

Mi hora de apagar el sistema: _____.

---

9. Puedes encontrar una copia en inglés de esta página del diario de aprendizaje en https://barbaraoakley.com/books/learning-how-to-learn/ *(N. de los A.)*

10. Muchas gracias a Kalyani Kandula (correspondencia por correo electrónico, 22 de noviembre de 2017).

Detente y recuerda

¿Cuáles son las principales ideas de este capítulo? Intenta recordarlas quedándote sentado tal y como estás ahora, pero luego inténtalo también estando en una habitación diferente, o aún mejor, cuando estés al aire libre.

Marca esta casilla cuando hayas terminado: ❑

EN RESUMEN

→ Todos somos diferentes. Y es precisamente por eso por lo que es importante que te **conviertas en tu propio científico del aprendizaje.** Así podrás descubrir lo que a ti te funciona mejor para estudiar. Piensa como un científico y empieza a buscar patrones de lo que te va bien y lo que no.

→ Escuchar música mientras trabajas puede resultar de gran ayuda o puede perjudicarte. Observa desde el techo el efecto que la música tiene en tu aprendizaje.

→ **Estudia en sitios distintos siempre que puedas.** Esto hará que tu pulpo de la atención se sienta más cómodo cuando tengas que hacer un examen en una habitación donde nunca antes hayas estudiado.

→ **Intenta aprender utilizando todos tus sentidos.** Tus ojos, tus orejas, tus manos, e incluso tu nariz pueden ayudarte a aprender. Aprenderás mejor si usas todos tus sentidos.

→ Dormir no sólo te ayuda a construir nuevas conexiones sinápticas, ¡sino que también te ayuda a lavar toxinas!

→ **Cómete primero tus ranas.** Empieza primero por lo más difícil para poder tomarte un descanso o entrar en modo disperso si lo necesitas.

→ Márcate una **hora para terminar** de estudiar siempre que sea posible. Eso hará que te concentres más intensamente cuando estés trabajando.

COMPRUEBA SI LO HAS ENTENDIDO

1. En este capítulo hemos explicado qué tipo de música no conviene escuchar cuando estás estudiando. Ahora, nárralo con tus propias palabras.
2. Explica por qué es buena idea estudiar en varios sitios diferentes.
3. ¿Qué tiene de malo creer que tienes un estilo de aprendizaje particular?
4. ¿Cómo podrías utilizar la vista, el oído y el tacto a la vez para aprender algo abstracto como, por ejemplo, matemáticas?
5. ¿Qué les ocurre a las toxinas que tenemos en el cerebro cuando dormimos?
6. Explica la frase «cómete primero tus ranas».
7. ¿Cuál es la mejor manera (según este capítulo) de conseguir que te concentres más intensamente mientras estás estudiando?

(Cuando hayas terminado, puedes comparar tus respuestas con las que encontrarás al final del libro).

¿Te has dado un paseo por las imágenes, has intentado contestar las preguntas al final del siguiente capítulo y tienes la libreta lista para empezar el próximo capítulo? ❏

Capítulo 14

Sorpresas del proceso del aprendizaje

Pssst…
¡Puede que tus peores rasgos sean los mejores!

¿Alguna vez has visto a alguien levantar la mano a la velocidad de la luz en clase para responder una pregunta mientras que tú todavía estabas procesando lo que acababa de decir el profesor? Las personas con un cerebro de carreras ya tienen la respuesta lista, mientras que tú ni siquiera has entendido todavía la pregunta.

Es fácil que si eres un estudiante lento pienses que aprender no es lo tuyo. Pero te hemos preparado algunas sorpresas. Aunque seas más lento que otros, puedes llegar a hacerlo igual de bien. A veces incluso mejor que los estudiantes más rápidos.

¿Cómo es posible?

Ahora lo veremos. En este capítulo, vamos a hablar sobre muchas sorpresas del proceso de aprendizaje. Algunas de las cosas que creías saber sobre el proceso de aprendizaje en realidad no son verdad. Echemos primero un vistazo a los videojuegos.

Videojuegos

¿Tus padres te echan la bronca por jugar a videojuegos? Hay muchos padres que lo hacen. Sí que es cierto que los videojuegos tienen algunos aspectos negativos, tal y como veremos a continuación. Pero tenemos una sorpresa para tus padres. En realidad, algunos videojuegos pueden ayudarte a aprender. De hecho, ¡ciertos videojuegos pueden incluso ayudar a tus padres![1]

Los videojuegos de acción son geniales para centrarse. Aprendes a concentrarte mientras te estás divirtiendo. Cuando juegas a un videojuego de acción, tu ratón mental recorre de una punta a otra una importante vía cerebral. Se trata del camino de estar centrado que hay en tu cerebro, y cuanto más veces lo recorra, más se va a ensanchar. Convertirse en un buen jugador de videojuegos significa que cuando prestas atención a algo, realmente te centras en ello.[2]

---

1. Bavelier *et al.*, 2012; Anguera *et al.*, 2013; Schenk *et al.*, 2017.
2. Me gustaría puntualizar que los videojuegos no hacen que aumente tu memoria de trabajo. Aumentar la memoria de trabajo es como añadir más brazos a tu pulpo, cosa que es muy difícil de lograr. Si ves un anuncio de videojuegos que dice que te hará aumentar la memoria de trabajo, harías bien en sospechar. Ahora mismo, los investigadores no saben cómo hacer aumentar la memoria de trabajo. Si no tienes una buena memoria de trabajo, sigue leyendo. ¡Descubrirás que tienes unos beneficios especiales!

Es más que razonable pensar que uno de los obstáculos con los que se encontró el ganador del premio Nobel Santiago Ramón y Cajal era que tenía una mala memoria de trabajo. Tal y como Santiago explicó en su autobiografía, su padre era muy bueno usando trucos de memoria para almacenar información en su memoria a largo plazo. Es probable que Santiago aprendiera alguno de esos trucos de su padre. Pero el padre de Santiago no fue capaz de ayudar a su hijo a mejorar su memoria de trabajo, y todavía a día de hoy no sabemos cómo hacer que aumente.

Los videojuegos de acción también te ayudan a mejorar ciertos aspectos de tu vista. Gracias a ellos, aprendes a fijarte más detenidamente en los detalles que otras personas que no juegan a videojuegos de acción. ¡Incluso te ayudarán a ver mejor en caso de niebla!

No sólo los videojuegos de acción pueden resultarnos útiles. Algunos juegos, como, por ejemplo, el Tetris, pueden ayudarnos a mejorar nuestras habilidades espaciales. Esto significa que puedes aprender a rotar objetos con más facilidad con el ojo de tu mente. Ésta es una habilidad muy importante tanto en matemáticas como en ciencias.

Pero no todos los videojuegos pueden ayudarnos. Pongamos, por ejemplo, los Sims, un videojuego de simulación de vida. Parece muy interesante, pero este tipo de juegos no te permiten practicar lo que los psicólogos llaman «concentración mental». Si lo que quieres es mejorar tu concentración o tu capacidad espacial, los investigadores recomiendan que te ciñas a los videojuegos de acción y a los espaciales.

El inconveniente de los videojuegos es que pueden llegar a ser adictivos. Al igual que con el ejercicio, la comida, e incluso el propio aprendizaje, es vital que actúes con sentido común cuando los utilices. Si el hecho de jugar a videojuegos empieza a interferir con otras áreas de tu vida, significa que habrá llegado el momento de dedicarles menos tiempo. Incluso aunque jugar a videojuegos sea tu verdadera pasión, sabes que hacer ejercicio y tomarte descansos puede ayudarte a jugar mejor. Y abrir tu mente para aprender algo por completo diferente también puede ayudarte a jugar mejor.

Puede que te parezca que Santiago lo pasó mal, pero no fue el caso. Parece que fue la mala memoria de trabajo de Santiago lo que, en parte, le permitió ver los simples principios subyacentes de neuroanatomía que los genios de su época habían pasado por alto. Así que, de nuevo, si tienes una mala memoria de trabajo, puede que en algunos momentos tengas que esforzarte más para seguir el ritmo. ¡Pero en otros momentos puede resultar un don maravilloso que te permita ver las cosas de manera más simple y clara que otras personas más (supuestamente) inteligentes! (N. de los A.)

Hemos mencionado que los videojuegos también pueden resultar útiles para los adultos. Si te van los videojuegos de acción, ¡enseña a jugar a tus padres! Sí, los videojuegos de acción pueden ayudar a tus padres a mejorar su habilidad de centrarse y concentrarse, incluso aunque ya sean mayores. De hecho, algunos videojuegos de acción están a punto de ser aprobados como fármacos por la Administración Federal de Fármacos de Estados Unidos. Los videojuegos pueden mejorar las habilidades cognitivas de las personas mayores.

Al disfrutando de un videojuego con su hijo Jacob.

Así que la próxima vez que tu madre o tu padre te digan que los videojuegos son malos para ti, enséñales este libro. ¡Jugar demasiado a videojuegos es claramente malo! Pero algunos pueden aportarte muchos beneficios. Y si tus padres deciden jugar contigo, ¡también ellos experimentarán los beneficios de salud que pueden aportar!

Aprende algo completamente distinto

Como hemos comentado, aprender algo del todo distinto podría ayudarte a jugar mejor a videojuegos. Pintar al óleo, practicar salto de pértiga, aprender a hablar finés, hacer malabares, dibujar manga... Siempre y cuando se trate de algo totalmente diferente, te ayudará más de lo que nunca hubieras imaginado a jugar mejor a videojuegos.

De hecho, sea lo que sea que te apasione, seguro que mejorarás en ello si aprendes un poco de cualquier otra cosa totalmente diferente. ¿Por qué?

Porque corres el riesgo de quedarte encallado en lo que se llama un «surco cognitivo».[3] Si tu mente se acostumbra a recorrer unas vías neuronales concretas, luego le resulta muy difícil ir por otras. Tu forma de pensar se vuelve más inflexible.

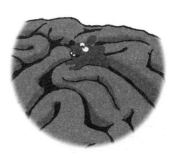

«Surco cognitivo»

Vamos a mirarlo de otra forma. Si ahora decidieras volverte el mejor en cualquier cosa, seguramente tu primer instinto sería pasarte todo el día practicándola. Pero en realidad, todos los que estén intentando ser los mejores estarán haciendo exactamente lo mismo. Entonces, ¿cómo puedes esperar ser mejor que los demás si haces lo mismo que ellos?

¿Listo para que volvamos a sorprenderte? La mejor manera de mejorar es comenzar a hacer algo del todo distinto. Tienes que aprender otra cosa. Cualquier cosa. Aprendas lo que aprendas, tu cerebro encontrará la manera de hacer que esta nueva información le resulte de utilidad cuando comiences a practicar tu pasión, sobre todo con metáforas.

Este importante concepto de aprendizaje se llama «transferencia». Las conexiones neuronales que creas al aprender cualquier

---

3. Los psicólogos se refieren a este concepto como «Einstellung» o «fijación funcional». Pero estos términos son muy difíciles de recordar, así que nosotros preferimos llamarlo «surco cognitivo». *(N. de los A.)*

disciplina harán que te resulte más sencillo construir conexiones en otras disciplinas diferentes. Por ejemplo, aprender a jugar a béisbol puede ayudarte a mejorar en muchos juegos de pelota, pero también a comprender mejor la física. Aprender física puede ayudarte a aprender economía y a crear mejores piezas de cerámica. Transferir ideas de un sujeto o actividad a otra te permite ser más creativo. Es como si tuvieras una plantilla que puedes adaptar de una disciplina a otra.

Cómo tomar notas

Aquí va otra sorpresa sobre el proceso de aprendizaje. A menudo la gente piensa que la mejor manera de tomar notas es escribirlas en el ordenador. Al fin y al cabo, es más rápido escribir a ordenador que a mano. Y las notas quedan más limpias.

Pues resulta que no es así. Siempre es mejor escribir las notas a mano. Incluso aunque tengas una letra horrible.[4]

Recuerda que el objetivo es crear una cadena de conexiones neuronales con las ideas clave. Si simplemente te limitas a teclear lo que escuchas, lo único que conseguirás es escribir palabras en una página, pero no crearás ninguna cadena de conexiones. La información te entrará por las orejas y te saldrá por las manos, sin que haya ningún esfuerzo mental de por medio.

Por el contrario, si escribes a mano te obligarás a pensar antes de escribir sobre el papel. Esto sí que te ayudará a empezar una cadena de conexiones neuronales. Tus espinas dendríticas empezarán a crecer. Y si revisas tus notas una última vez antes de acostarte, ¡harás que tus espinas dendríticas crezcan todavía más mientras duermes!

---

4. Si padeces alguna enfermedad que te impide escribir a mano no te preocupes, ya que puedes hacerlo igual de bien si tomas notas con el ordenador. Pero intenta no limitarte a teclear lo que oyes. Tienes que teclear despacio para poder resumir las ideas clave en vez de simplemente teclear todo lo que oigas. (N. de los A.)

Una buena manera de tomar notas consiste en dibujar una línea vertical en uno de los lados de la página, aproximadamente a un tercio de la distancia del borde. Escribe tus primeras notas en la sección más ancha. Luego, cuando las revises, escribe notas aún más breves en la sección más estrecha. Entonces, mira hacia otro lado y prueba a ver si puedes recordar esos puntos clave. Ponte a prueba. ¡A ver cómo agarras estas conexiones!

No existe una fórmula mágica para tomar notas. Lo más importante es que identifiques los puntos clave para poder revisarlos y fortalecer tus conexiones neuronales.

¿Tienes una mala memoria de trabajo? ¡Felicidades!

Aquí va otra sorpresa sobre el proceso de aprendizaje. En ciertas ocasiones, es mejor tener una mala memoria de trabajo que una bien robusta.

¿Y eso por qué?

Algunas personas tienen una memoria de trabajo fantástica. Sus pulpos de la atención pueden tener ocho brazos o incluso más, y sus tentáculos pueden llegar a ser increíblemente adherentes. Son capaces de retener mucha información y de conseguir almacenarla toda. ¿Quién no querría tener una memoria así?

Pero las personas con una mala memoria de trabajo también tienen sus ventajas. Por ejemplo, si tu pulpo de la atención sólo tiene tres brazos, tendrás que esforzarte más para crear conexiones neuronales de las ideas principales. Tu pulpo no tiene brazos suficientes como para poder retener tantos pensamientos, por lo que tendrás que buscar maneras de simplificar y vincular todas las distintas ideas.

Esto significa que las cadenas de conexiones cerebrales creadas por una persona con una mala memoria de trabajo pueden contener simplificaciones sorprendentemente elegantes y saltos creativos.[5] A las personas con una memoria de trabajo robusta les resulta más difícil hacer estas simplificaciones creativas. Al

_____

5. De Caro *et al.*, 2015.

tener una memoria de trabajo robusta, no tienen la necesidad de simplificar.

A la gente con una mala memoria de trabajo a menudo se le van los pensamientos de la cabeza. Parece algo malo, ¿no? ¡Pues puede ser algo bueno! Los estudios demuestran que cuando se te va un pensamiento de la mente, entra otro nuevo. ¡Las personas con una mala memoria de trabajo pueden ser especialmente creativas! Las personas que tienen trastornos de la atención (aunque nosotros estamos a favor de utilizar el término «ventajas de la atención»), como, por ejemplo, TDAH,[6] son bastante creativas.

Las personas con una mala memoria de trabajo y dificultades para centrarse a veces tienen que esforzarse más que otras para poder crear cadenas de conexiones neuronales. Pero a cambio les resulta mucho más sencillo ser creativas. Son capaces de ver atajos elegantes y tener ideas que a otros se les escapan. ¡El intercambio puede merecer la pena!

---

6. White y Shah, 2011.

Cerebros excursionistas contra cerebros de carreras

Poco a poco hemos ido descubriendo que una persona que piensa más despacio a veces puede obtener mejores resultados que otra con un cerebro de carreras.

Míralo de otra forma. Una persona con un cerebro de carreras puede llegar más deprisa a la línea de meta. En otras palabras, es capaz de encontrar las respuestas con más rapidez. Por otro lado, una persona que piensa más lentamente también será capaz de encontrar la respuesta, pero necesitará más tiempo para hacerlo. (Ten en cuenta que algunas personas pueden tener un cerebro de carreras en alguna disciplina y, en cambio, un cerebro excursionista en otras).

Las personas con cerebros de carreras van tan deprisa que todo a su alrededor parece borroso. Piensan muy deprisa y no siempre se preocupan por los detalles. En cambio, las personas con cerebros excursionistas se mueven mucho más despacio. Pero dado que avanzan más lentamente, pueden alargar la mano y tocar las hojas de los árboles, oler el aroma de los pinos, escuchar el canto de los pájaros y ver los rastros que han dejado los conejos.

Eso significa que, en cierta manera, el cerebro excursionista es capaz de ver con más detalle que los cerebros de carreras.

Así que si tienes un cerebro excursionista en algunas o en muchas asignaturas, deberías alegrarte por ello. Es muy probable que necesites más tiempo para aprender que un cerebro de carreras. Sin embargo, tienes la capacidad de llegar a aprender lo mismo, y, de hecho, puedes hacerlo incluso con más profundidad y riqueza. Si tienes un cerebro de carreras, también deberías alegrarte por ello. Pero tendrás que tener cuidado de no salirte de la carretera, porque podría resultarte muy difícil volver a incorporarte al tráfico. Más adelante hablaremos con más detenimiento sobre este tema.

Ahora vamos a pasar al siguiente capítulo, el más importante de todo el libro: ¡cómo prepararse para un examen!

EN RESUMEN

→ **Los videojuegos de acción pueden mejorar tu capacidad para centrarte.** También pueden mejorar tu vista. Y pueden ser especialmente útiles para la gente mayor, ya que pueden ser de ayuda para mantener su capacidad de concentración.

→ **Los videojuegos espaciales pueden mejorar tu capacidad de rotar objetos mentalmente,** una habilidad muy importante en matemáticas y ciencias.

→ Uno de los inconvenientes de los videojuegos es que, al igual que cualquier otra actividad placentera, pueden llegar a ser **adictivos.** Utiliza tu sentido común para evitar jugar demasiado.

→ **Aprende alguna cosa completamente distinta a tu pasión para fortalecer tu flexibilidad mental.** Así podrás ver vínculos que te harán tener nuevas ideas creativas, por lo que te ayudarán con tu pasión. Además, aprender algo completamente diferente también te ayuda a evitar los «surcos cognitivos».

→ **Toma notas a mano.** Eso te permitirá crear conexiones neuronales a partir de ideas clave con más facilidad.

→ **Tener una mala memoria de trabajo puede ser algo bueno,** ya que te permite:
  • Ver simplificaciones elegantes que a otros se les escapan.
  • Ser más creativo.

→ **Las personas que piensan más despacio pueden entender una materia o un ejercicio igual de bien que las que piensan más deprisa.** Puede que necesiten más tiempo para lograrlo, pero a veces pueden llegar a entenderlo incluso mejor que las personas que piensan deprisa.

¡Ahora te toca a ti! Escríbelo a mano

Los fisioterapeutas «fi-sio-te-ra-PEU-tas» tratan los problemas físicos de las personas mediante el movimiento. La fisioterapeuta española Elena Benito afirma: «Como fisioterapeuta, sé que las manos tienen muchas conexiones con nuestro cerebro. Cada letra que escribimos a mano produce un flujo extraordinario de información que va de la mano al cerebro y viceversa».

Elena Benito sabe lo mucho que el movimiento puede ayudarnos a comprender algo difícil que estamos intentando aprender.

Elena nos aconseja:

«Cuando no entiendas algo de lo que estás estudiando, quizás una fórmula matemática o una frase muy larga… escríbela a mano una, dos veces… En ocasiones puede ayudarte a encontrarle sentido. Escribirlo a mano puede ayudarte a saltar barreras mentales y a implementar la información en otra parte de nuestro cerebro, que podrá procesarla de forma diferente».

La próxima vez que encuentres algo que te resulte difícil de entender, prueba el consejo de Elena. ¡Escríbelo a mano!

COMPRUEBA SI LO HAS ENTENDIDO

1. ¿Qué tipo de videojuegos pueden ayudarte a mejorar tu mentalidad? ¿Por qué?
2. ¿Qué aspecto negativo de los videojuegos hemos destacado en este capítulo?
3. ¿Cuál es la idea principal sobre cómo tomar buenas notas?
4. ¿Qué es un «surco cognitivo»?
5. ¿Qué deberías hacer si quieres ser más creativo y mejorar en algo que te apasiona?
6. ¿Qué es la transferencia?
7. Explica por qué una mala memoria de trabajo puede ayudarte a ver las simplificaciones elegantes que a otros se les escapan y a ser más creativo.
8. Pon un ejemplo de una materia o habilidad en que una persona que aprende más despacio puede aprender igual de bien que una que aprende más deprisa, incluso aunque tarde un poco más.

(Cuando hayas terminado, puedes comparar tus respuestas con las que encontrarás al final del libro).

Capítulo 15

Cómo hacer un buen examen

Antes de empezar, nos gustaría hacer una advertencia importante. Si te has saltado el resto del libro y comienzas a leer directamente este capítulo, no vas a beneficiarte ni de lejos igual que si te hubieras leído el libro entero.

Estás leyendo este capítulo porque los exámenes son importantes. Esto es una realidad. En un mundo ideal, todos aprenderíamos cosas porque nos parecen interesantes y porque realmente nos gustaría saber más. La educación es mucho más que aprobar exámenes oficiales. Pero los exámenes son una buena manera de demostrarte a ti mismo (y a otras personas) que has aprendido algo. También marcan momentos destacados en nuestras vidas, ya que señalan el paso del instituto a la universidad, o de la universidad a una profesión.

Los exámenes pueden llegar a ser divertidos. ¡De verdad!

Los estudios demuestran que los exámenes son una de las mejores maneras para ayudarnos a aprender. Puedes aprender más durante una hora haciendo un examen que durante una hora de estudio.[1] (En los exámenes nos esforzamos por recordar hasta el más mínimo detalle que podamos sobre el tema. Cuando simplemente estamos estudiando, no nos esforzamos tanto).

¿Te acuerdas de que ya hemos hablado de lo importante que es recordar? ¿De lo importante que es agarrar esas conexiones neuronales cuando quieres extraer algo de la memoria a largo plazo? Ya

---

1. Belluck, 2011; Karpicke y Blunt, 2011.

sabías que el hecho de recordar fortalece el aprendizaje. Pero resulta que cada vez que recuerdas algo es como si te estuvieras haciendo un pequeño examen.

Cuando era una joven profesora universitaria, aprendí mucho de mi profesor de ingeniería llamado Richard Felder. El doctor Felder me enseñó mucho sobre cómo enseñar bien. Siempre ha querido ayudar a sus alumnos a triunfar.

Para prepararte antes de un examen, aquí tienes una lista muy similar a la que creó el Dr. Felder para ayudar a sus alumnos a hacer un buen examen.[2] ¿Cómo se usa esta lista? Simplemente tienes que procurar hacer todo lo posible para poder contestar «Sí» al mayor número de preguntas.

Lista para prepararte antes de un examen[3]

Contesta «Sí» sólo si por lo general haces lo siguiente:

1. ¿Has **dormido** suficientes horas antes del examen? (Si tu respuesta es «No», puede que lo que respondas al resto de preguntas carezca de importancia).

❏ Sí ❏ No

2. ¿**Has revisado** las notas que tomaste en clase poco después de haberlas escrito? Mientras las revisabas, ¿recordaste activamente para ver si podías evocar con facilidad las ideas clave en tu mente?

❏ Sí ❏ No

---

2. Visita la página web del Dr. Felder www.engr.ncsu.edu/stem-resources/legacy-site/ para acceder a una gran selección de información útil sobre el aprendizaje en las disciplinas académicas de CTIM. Puedes encontrar la lista original en Felder, 1999.

3. Puedes descargarte esta lista en inglés en el siguiente enlace: https://barbaraoakley.com/books/learning-how-to-learn/ *(N. de los A.)*

3. **¿Has estudiado un poco cada día** en vez de esperar al último minuto y empollar justo antes del examen?

❑ Sí ❑ No

4. ¿Te has centrado por completo en tus sesiones de estudio e hiciste todo lo posible para **evitar cualquier distracción** excepto cuando estabas tomándote un descanso?

❑ Sí ❑ No

5. ¿Has intentado estudiar en **sitios distintos**?

❑ Sí ❑ No

6. ¿Has leído atentamente tu libro de texto o las hojas de ejercicios? (Intentar adivinar la respuesta que estás tratando de encontrar no cuenta). Mientras estabas leyendo, ¿evitaste subrayar y resaltar demasiadas frases del libro de texto? ¿Tomaste notas breves sobre las ideas clave del libro y luego miraste para otro lado para ver si eras capaz de recordarlas?

❑ Sí ❑ No

7. Si tu sesión de estudio incluía resolver ejercicios, **¿has trabajado activamente en los ejemplos clave una y otra vez,** transformándolos así en una cadena de conexiones neuronales que ahora puedes evocar con rapidez en tu mente?

❑ Sí ❑ No

8. **¿Has hablado sobre los ejercicios con tus compañeros de clase** o, por lo menos, has contrastado tus soluciones con las de otra persona?

❑ Sí ❑ No

9. ¿Has trabajado activamente en cada ejercicio que te pusieron de deberes por tu propia cuenta?

❑ Sí ❑ No

10. Si te encontraste con algo que te costaba comprender, ¿**pediste ayuda a tus profesores o a otros alumnos**?

❑ Sí ❑ No

11. ¿Has dedicado la mayor parte de tu tiempo de estudio a centrarte en lo que te parece más difícil? Es decir, ¿**practicaste deliberadamente**?

❑ Sí ❑ No

12. ¿**Has intercalado** todo lo que tenías que aprender? En otras palabras, ¿has practicado en qué momento debes utilizar cada técnica?

❑ Sí ❑ No

13. ¿Has explicado las ideas clave, a ti mismo o a otros, utilizando **divertidas metáforas e imágenes**?

❑ Sí ❑ No

14. ¿Te has tomado algún descanso ocasional mientras estudiabas que implicara realizar cierta **actividad física**?

❑ Sí ❑ No

TOTAL: _____ Sí _____ No

Cuantas más veces hayas marcado «Sí», mejor preparado estarás para el examen. Si has señalado «No» en tres o más respuestas, deberías considerar seriamente hacer algunos cambios antes de prepararte para el próximo examen.

La técnica de empezar por lo más difícil: aprende cuál es el momento de parar

Durante muchos años, se ha aconsejado a los alumnos que empiecen un examen resolviendo primero los ejercicios más sencillos.

Pero la neurociencia nos indica que esto no es tan buena idea. (A no ser que no hayas estudiado absolutamente nada. Si es el caso, ¡deberías intentar obtener todos los puntos más fáciles posibles!).

Éstos son los pasos que deberías seguir cuando tengas que hacer un examen. Empieza por leerlo rápidamente por encima. Luego, dibuja una pequeña marca al lado de las preguntas que te parezcan más difíciles. Entonces, escoge una de ellas y empieza por intentar responderla. Sí, has leído bien, empieza por la pregunta más difícil. (¡Cómete primero tus ranas!).

Intenta responder esta pregunta durante uno o dos minutos, el tiempo que tardes en sentir que te has atascado.

En cuanto veas que estás atascado, deja esa pregunta de lado. Centra tu atención en una pregunta más fácil para incrementar tu confianza y respóndela. Y, a continuación, contesta otra de esas preguntas más fáciles.

Luego, vuelve a centrarte en la pregunta difícil. Es muy probable que entonces consigas seguir avanzando.

¿Cómo es posible?

Utilizar la técnica de empezar por lo más difícil te permite utilizar tu cerebro como si fuera una especie de doble procesador. En cuanto dejas de centrarte en la pregunta más difícil, tu modo difuso comienza a trabajar en ello. Mientras el modo centrado está abordando la pregunta más fácil, el modo difuso va trabajando en segundo plano para responder la pregunta más difícil. Si esperas hasta el final de la hora de examen para centrarte en la pregunta más difícil, sólo podrás trabajar en ella en modo centrado y no te quedará tiempo para que el modo disperso haga su función.

También puedes utilizar esta técnica de empezar por lo más difícil cuando estés haciendo tus deberes. Un error muy común al hacer los deberes es empezar por un ejercicio difícil y seguir trabajando en él durante demasiado tiempo sin hacer ningún tipo de progreso. Está bien que trabajes en un ejercicio durante un rato, incluso que te frustres un poco. Pero si la frustración se prolonga durante mucho tiempo, ¡tienes que detenerte! ¿Cuánto tiempo es demasiado tiempo para estar encallado haciendo un ejercicio? Quizás unos cinco o diez minutos, dependiendo de la materia y de tu edad.

La técnica de empezar por lo más difícil puede servirte tanto para hacer exámenes como para hacer tus deberes, ya que te permite usar los dos modos de tu cerebro con más eficacia. También te ayuda a practicar cómo detenerte y pasar a los ejercicios que sí que puedes resolver. Saber cuándo parar es uno de los mayores desafíos a los que puede enfrentarse un estudiante cuando está haciendo un examen. Corres el peligro de quedarte sin tiempo incluso habiendo otras preguntas más fáciles que podrías haber respondido.

En un examen deberías parar más deprisa cuando te quedas encallado que cuando estás haciendo tus deberes. Por norma general, si te quedas encallado más de uno o dos minutos durante un examen, ¡mejor pasa a la siguiente pregunta!

¿Cuál es el mejor estrés? ¡El estrés de los exámenes!

Los estudios demuestran que cuanto más practiques la técnica de recordar activamente en las semanas previas a un examen, menos te molestará el estrés cuando hagas el examen.[4] Así que si eres de los que se estresan durante un examen, es bastante importante que durante tu tiempo de estudio practiques con la técnica de recordar activamente.

Pero seamos realistas; es muy fácil estresarse cuando te sientas a hacer un examen. Te empiezan a sudar las manos, se te acelera el pulso y sientes una sensación de ansiedad en el estómago. Esto ocurre porque tu cuerpo libera ciertas sustancias químicas cuando estás estresado. Sorprendentemente, esta sensación de estrés puede contribuir a que el examen te vaya mejor.[5] Cuando empieces a notar esos sentimientos de ansiedad, intenta cambiar tu perspectiva. En vez de pensar: «Este examen me está poniendo nervioso», intenta pensar «¡Este examen me está motivando a dar lo mejor de mí!».[6]

Cuando nos ponemos nerviosos, tendemos a respirar por la parte superior del pecho.[7, 8] Esta respiración superficial hace que

---

4. Smith *et al.*, 2016.
5. Sapolsky, 2015; Luksys y Sandi, 2014.
6. Beilock, 2010, págs. 140-141.
7. Parece que respirar superficialmente no es una buena idea. Entonces, ¿por qué lo hacemos cuando nos ponemos nerviosos? Pues el motivo está relacionado con el hecho de que los ojos son capaces de detectar cualquier movimiento por naturaleza. Si un animal se queda completamente inmóvil, puede evitar que lo detecten incluso aunque esté a plena vista. Respirar de manera superficial, o incluso aguantar la respiración, puede ayudar a un animal o a una persona a quedarse tan inmóvil como sea posible.

   La próxima vez que quieras señalar dónde está un pájaro o un animal a un amigo tuyo, observa su reacción. Incluso aunque estés señalando directamente a lo que quieres que vea tu amigo, con seguridad no lo verá hasta que no se mueva. *(N. de los A.)*
8. Rupia *et al.*, 2016.

no absorbas todo el oxígeno que necesitas. Entonces, empiezas a entrar en pánico por algo que no tiene nada que ver con el examen. ¡No estás absorbiendo todo el oxígeno que precisas! Si sueles ponerte nervioso antes de un examen, aprender a respirar profundamente te resultará de gran ayuda.

Para respirar profundamente, ponte una mano sobre el abdomen. Debería hincharse cuando inspiras, igual que en el dibujo inferior. Intenta imaginar que al inspirar también se hincha tu espalda, como si tuvieras una vela dentro. Prueba a respirar profundamente unos días antes del examen para acostumbrarte. Ponte frente a un espejo de perfil e intenta hacerlo durante unos treinta segundos.

Cuando respiramos superficialmente, utilizamos la parte superior del pecho. Cuando respiramos profundamente, usamos la parte inferior del pecho. Respirar profundamente te ayudará a reducir el sentimiento de pánico.

Unos últimos consejos para hacer un buen examen

Vigila los surcos cognitivos. Una vez has escrito la respuesta a una pregunta, es fácil pensar que la has respondido bien.

Cuando hayas respondido todas las preguntas (si tienes tiempo), intenta engañar a tu mente para poder mirar el examen con unos nuevos ojos. Parpadea y mira para otro lado para intentar entrar durante un instante en modo disperso. Revisa las preguntas en un orden diferente al que las hayas respondido. Si es posible, pregúntate: «¿Tiene sentido esta respuesta?». Si has calculado que necesitarías cuarenta litros de agua para llenar la pecera de tu clase, ¡algo has hecho mal!

A veces, aunque estudies mucho, puede que un examen te vaya mal. Sin embargo, la Señora Suerte tiende a sonreír a aquellos que se preparan.

Detente, recuerda y reflexiona

¿Cuáles han sido las ideas principales de este capítulo? Después de haberlo leído, ¿qué harás que sea diferente la próxima vez que tengas que prepararte para un examen?

Señala esta casilla cuando hayas terminado: ❏

EN RESUMEN

→ Utiliza una **lista para prepararte antes de un examen** para asegurarte de que estás haciendo todo lo posible para enfrentarte bien a él.

→ Usa la **técnica de empezar por lo más difícil.** Siempre y cuando hayas estudiado antes de hacer el examen, comienza respondiendo la pregunta que te parezca más difícil. Luego, cuando sientas que te estás encallando, aléjate de esta pregunta y ponte a trabajar en otra más fácil. Cuando hayas avanzado un poco con tu examen, vuelve a enfrentarte a esa pregunta difícil. Normalmente así conseguirás hacer más progresos que si te hubieras enfrentado a la pregunta difícil al final del examen, cuando casi no queda tiempo.

→ Cuando tu cuerpo siente emoción o nervios libera ciertas sustancias químicas. **Lo que marca la diferencia es la manera en que interpretes tus sentimientos.** Si cambias tu mentalidad de «Este examen me da miedo» a «¡Este examen me motiva a dar lo mejor de mí!», conseguirás mejorar tus resultados.

- → Si sientes que te entra el pánico antes o durante un examen, **respira profundamente desde el abdomen** unas cuantas veces.
- → **Es fácil cometer un error durante un examen.** Tu mente puede engañarte y hacerte pensar que la respuesta que has escrito es correcta aunque no lo sea. Eso significa que, cuando te sea posible, deberías pestañear, desviar tu atención, volver a comprobar las respuestas con una perspectiva general y preguntarte «¿Tiene sentido esta respuesta?». Intenta revisar las preguntas en un orden distinto al que las hayas respondido.
- → Hagas lo que hagas, asegúrate de **dormir** lo mejor posible antes de un examen.

¡Ahora te toca a ti!
Crea tus propias preguntas de examen

Una buena manera de prepararte para un examen es intentar pensar como un profesor. Invéntate algunas preguntas que creas que podría preguntarte el profesor. Si lo deseas, intenta hacer este ejercicio con un amigo o alguien que esté estudiando para el mismo examen. Te sorprenderá ver cuántas veces se os ocurren las mismas preguntas. ¡Y te sorprenderás todavía más cuando veas cuántas de las preguntas que habéis inventado salen en el examen!

COMPRUEBA SI LO HAS ENTENDIDO

1. ¿Cuál es el paso más importante para prepararte antes de hacer un examen? (Pista: si no sigues este paso, puede que el resto de pasos no importen).
2. ¿Cómo sabrás que ha llegado el momento de dejar una pregunta difícil en un examen si utilizas la técnica de empezar por lo más difícil?
3. Describe dos maneras de calmarte si empiezas a ponerte nervioso antes de hacer un examen.
4. ¿Qué truco mental puedes seguir para ayudarte a detectar las respuestas incorrectas durante un examen?

(Cuando hayas terminado, puedes comparar tus respuestas con las que encontrarás al final del libro).

¿Has realizado el paseo por las imágenes y tienes la libreta lista para empezar el próximo capítulo? ❑

Capítulo 16

Pasar de «tener que» a «poder»

¿Te acuerdas de Santiago Ramón y Cajal? ¿El chico malo que se convirtió en neurocientífico? Como ya hemos dicho en un capítulo anterior, Santiago no era ningún genio. Y aun así, fue galardonado con un premio Nobel. También hemos mencionado que a veces Santiago se sentía mal porque no podía aprender muy deprisa y su memoria no era muy buena. Pero finalmente se dio cuenta de que él también tenía algunas ventajas. Y de que a veces esas ventajas le ayudaban a hacerlo incluso mejor que los genios. ¿Cuáles fueron esas ventajas?[1]

Pronto veremos cuáles fueron las ventajas de Santiago. Pero, primero, ¡queremos felicitarte! Has logrado llegar hasta el final del libro y adquirir unos conocimientos sobre el proceso de aprendizaje que te resultarán de gran ayuda durante el resto de tu vida. También has aguantado muchas metáforas chifladas: pulpos eléctricos de cuatro brazos, zombis que juegan a *pinball*, ratones recorriendo caminos por tu cabeza, alienígenas neuronas, aspiradoras sinápticas... ¡Este libro parece una serie de dibujos animados!

Así que, ¡buen trabajo! Has dado rienda suelta a tu imaginación para poder aprender conceptos científicos complicados. Espero que todas estas metáforas te hayan servido para aprender.

---

1. Aunque seas un genio, ¿se te ocurre cómo podrías incorporar algunos de los métodos de Santiago en tu vida? *(N. de los A.)*

¡Somos como una serie de dibujos animados!

En este capítulo, me gustaría revisar las principales lecciones que puedes extraer de este libro. Al fin y al cabo, seguro que a estas alturas ya sabes que la repetición es clave a la hora de aprender.

Pero primero me gustaría hacerte una pregunta importante.

¿Qué sentido tiene aprender?

De verdad, te lo pregunto en serio. ¿Qué sentido tiene aprender? ¿Por qué deberías tomarte la molestia de aprender? Según como lo mires, no somos más que una diminuta mota de polvo en una roca en medio de un universo increíblemente vasto.

Antes de que sigas leyendo, me gustaría que intentaras responder esta pregunta: ¿qué sentido tiene aprender cualquier cosa? Trata de encontrar varias respuestas diferentes. Halla por lo menos cinco motivos distintos. Tómate tu tiempo para reflexionar. Explícale a otra persona las razones que se te han ocurrido y observa cómo reacciona. O también podrías anotar tus ideas. Por lo menos, intenta pensar detenidamente cuáles son tus motivos para aprender. Luego, pasa a la página siguiente para ver algunas de las razones que puede que tengan otras personas.

A continuación, mostramos una lista de posibles respuestas a la pregunta de qué sentido tiene estudiar:

→ Tienes que aprender, porque si no, tu madre y tu padre no te dejarán salir a jugar.

→ Tienes que aprender, porque si no, tu profesor te va a echar la bronca.

→ Tienes que aprender porque lo dice la ley.

→ Tienes que aprender para poder graduarte, ir a la universidad y conseguir un buen trabajo.

→ Tienes que aprender para tener varias opciones abiertas para el futuro.

→ Puedes aprender para poder hacer aquello que te apasiona.

→ Puedes aprender para poder saber más sobre los misterios del universo.

→ Puedes aprender para poder ir explorando tu extraordinario potencial cada semana.

→ Puedes aprender para ayudar a la humanidad a resolver los problemas de nuestro mundo.

→ Puedes aprender porque eres un ser humano inquisitivo.

Hay muchas más respuestas posibles, desde luego. Pero, en cierto modo, todas las frases menionadas son verdad.

¿Te has dado cuenta de lo que he hecho a mitad de la lista? He cambiado «tienes que aprender» por «puedes aprender». He pasado de una obligación, de algo que no puedes elegir, a un privilegio. Es decir, algo que tienes la suerte de poder hacer. Y es que, en realidad, aprender es ambas cosas. Si no haces tus deberes te van a echar la bronca. Así que, a no ser que te guste que te regañen, ése es un motivo válido para hacer tus deberes. Pero no es una razón para inspirarte a estudiar. Todo te resultará más sencillo si encuentras motivos positivos para interesarte por tu aprendizaje en vez de simplemente querer evitar un castigo.

Estamos en esta misteriosa roca llamada Tierra en un lugar y un tiempo concretos. Y tenemos (probablemente) la tecnología más avanzada del universo dentro de nuestros cráneos. (A no ser que existan alienígenas con una inteligencia aún más extraordinaria que la nuestra, ¡en cuyo caso sería muy interesante aprender sobre ellos!). ¿No sería una increíble pérdida de nuestro tiempo en la

Tierra si no aprovecháramos al máximo la estupenda herramienta que tenemos entre nuestras orejas?

¡Qué suerte tengo de poder aprender!

Cuanto más joven seas cuando aprendas a aprender de manera más efectiva, más años podrás disfrutar a lo largo de tu vida de los beneficios que eso te puede aportar. Aprender es un privilegio. En algunas partes del mundo, los niños no tienen acceso ni a libros, ni a ordenadores ni a profesores. Creo que tenemos la obligación de aprovechar al máximo nuestras oportunidades por respeto a todas estas personas que no tienen acceso a la educación. Por todos estos motivos y más, quiero animarte a que estudies. Al fin y al cabo, tal y como dice Terry, nunca sabes cuándo va a resultarte útil lo que has aprendido.

Aprende a aprender para poder seguir tu pasión. Pero no te limites a seguir sólo tu pasión. Éste es el error que yo cometí cuando era más joven. Puedes aprender un gran número de cosas que te abrirán puertas que ahora ni siquiera puedes imaginar. Amplía tus pasiones: aprende y disfruta de nuevas disciplinas que no sean las que al principio creías que podrías aprender. Estarás más bien equipado para superar todos los obstáculos que te ponga la vida. El mundo está cambiando rápidamente y va a seguir haciéndolo todavía más deprisa. Aprender a aprender es una de las mejores capacidades que podrás tener nunca.

Lo que debes hacer y lo que no durante tu proceso de aprendizaje

Volvamos ahora a la lección principal del libro.

A estas alturas, ya debes saber que recordar es una de las mejores maneras de aprender. Así que aquí va mi segundo desafío de este capítulo. A ver si eres capaz de hacer una lista de las lecciones que has extraído de este libro y que te han parecido más importantes. Puedes incluir tanto las ideas que pueden ayudarte a aprender como los errores que debes evitar a toda costa.

¿Cuáles son tus cinco ideas favoritas del libro? ¡No vale mirar hasta que no se te hayan ocurrido por lo menos cinco! No te preocupes si tienes que devanarte los sesos para recordar cinco lecciones. Sencillamente significa que tu pulpo de la atención todavía no ha agarrado muchas veces estas conexiones neuronales, y que está empezando a acostumbrarse a ello. Y no te preocupes si tu lista es un poco distinta a la mía. Lo que en realidad importa es que hayas conseguido recordar algunas ideas clave.[2]

Aquí va una lista con algunas de mis ideas favoritas del libro para ayudarte a aprender.

1. Aprovecha tanto el modo **centrado** como el modo **disperso**. Si empiezas a sentirte frustrado, significa que ha llegado la hora de cambiar de tema. ¡O de hacer un poco de ejercicio físico!
2. Crea una **cadena de conexiones neuronales** practicando, repitiendo y recordando. Practica varias veces resolviendo los ejercicios más importantes para luego poder recordar con facilidad todos los pasos. Las soluciones, los conceptos y las técnicas deberían fluir por tu mente como si fueran una canción.
3. **Intercala.** No te limites a practicar exactamente los mismos ejercicios pero con una ligera variación. Así sabrás cuándo

---

2. Puedes encontrar una lista de diez ideas que para ayudarte a aprender y diez errores a evitar en inglés en el siguiente enlace: https://barbaraoakley.com/books/learning-how-to-learn *(N. de los A.)*

debes usar cada técnica. Por lo general, los libros de texto no están pensados para intercalar, por lo que tendrás que practicar tú mismo yendo para adelante y para atrás entre las ideas de los distintos capítulos.

4. **Espacia tu proceso de aprendizaje.** Practica por lo menos durante varios días. Así tendrás más tiempo para que se formen tus sinapsis.

5. ¡Haz ejercicio! El ejercicio alimenta tus neuronas. También ayuda a que crezcan sinapsis nuevas y más fuertes.

6. **Ponte a prueba.** Pide a otros que te pongan a prueba. Enseña a los demás. Todo esto te ayudará a practicar la técnica de recordar activamente. Lo mejor que puedes hacer para reforzar tu aprendizaje es ponerte a prueba y recordar activamente.

7. Utiliza **imágenes divertidas y metáforas** para acelerar tu aprendizaje. Empieza también a construir palacios de la memoria.

8. Emplea la **técnica Pomodoro** para reforzar tu capacidad para centrarte y relajarte. Simplemente elimina cualquier distracción, programa el temporizador para que suene dentro de veinticinco minutos, céntrate y luego prémiate.

9. **Cómete primero tus ranas.** Empieza primero por lo que te resulte más difícil. Así podrás terminarlo cuanto antes o bien tomarte un descanso y dejar que tu modo disperso te ayude a hacerlo.

10. **Encuentra maneras de aprender activamente fuera de las clases habituales.** Investiga por Internet para encontrar otra explicación. Lee otros libros. Únete a un club. Y si no hallas ningún club sobre el tema que te interesa, intenta crearlo tú mismo.

Y aquí va una lista de los errores a evitar durante tu proceso de aprendizaje:

1. **No dormir lo suficiente.** Dormir fortalece tus conexiones neuronales y limpia las toxinas de tu cerebro. Si no duermes

lo suficiente antes de un examen, nada de lo que hayas hecho antes tendrá ninguna importancia.

2. **Leer y releer pasivamente.** Tienes que practicar y recordar activamente, no sólo pasar tu mirada por la misma página una y otra vez.

3. **Resaltar o subrayar.** ¡No te engañes! Resaltar o subrayar gran parte del texto no sirve para conseguir introducir información en tu cerebro. Anota brevemente los conceptos clave de lo que estás aprendiendo. Hazlo en el margen de la página o en una hoja de papel aparte. Estas notas te ayudarán a crear conexiones neuronales sobre los conceptos clave.

4. **Mirar la solución de un ejercicio** y hacerte creer que lo has comprendido. Tienes que resolver el problema por ti mismo.

5. **Empollar.** Aprender en el último minuto no te ayudará a construir conexiones neuronales sólidas.

6. **Aprendizaje perezoso.** No practiques tan sólo con el material más sencillo. Sería como intentar jugar al baloncesto centrándote tan sólo en regatear. Practica de manera deliberada y céntrate en lo que te resulte más difícil.

7. **No hagas caso a tu libro.** Si estás utilizando un libro de texto para estudiar, recuerda darte un paseo por las imágenes del libro y tomar notas antes de empezar un capítulo. ¡Y asegúrate de leer cómo se resuelve un ejercicio antes de intentar hacerlo!

8. **No aclarar cualquier punto que no entendamos.** ¿Sólo hay cuatro conceptos que no comprendes? Lo más probable es que justo te pregunten estos conceptos en el examen. Pide ayuda a tus profesores o a tus amigos.

9. **Distracciones.** Estudia en algún sitio donde puedas centrarte. Lo ideal sería apagar tu teléfono inteligente y dejarlo fuera de tu alcance.

10. **Charlar con tus amigos en vez de estudiar con ellos.** Formar parte de un grupo de estudio puede ser una muy buena manera de aprender. Pero los supuestos grupos de estudio que pasan más tiempo cotilleando que estudiando no sirven de mucho.

¡Ahora te toca a ti!
Conviértete en profesor

Terry, Al y yo hemos escrito todo lo que sabemos en este libro para ayudarte a comprender mejor. Ahora te toca a ti.

Comparte lo que has aprendido gracias a este libro sobre el proceso de aprendizaje. Puedes explicárselo a un amigo. O a tu hermano o hermana. O a algún alumno de tu escuela más joven que tú. (A los chicos más jóvenes les encanta aprender de los estudiantes más mayores). Incluso puedes explicárselo a tus padres y profesores. ¡Cuéntales la inspiradora historia de Al aprendiendo química!

Comparte lo que has aprendido, ¡es una de las mejores partes de aprender!

Haz dibujos. Invéntate historias divertidas. Cuenta en qué consiste la técnica del palacio de la memoria. Explica lo que son las neuronas y las conexiones neuronales y por qué son tan importantes. Recuerda que todos tenemos problemas para aprender. Así que si has conseguido encontrar una manera de superar tus problemas, ¡debes compartirla!

Te acordarás mejor de las lecciones aprendidas si se las enseñas a otros. Y además, te divertirás haciéndolo. ¡Tendrás la oportunidad de ser el profesor y, a la vez, podrás ayudar a alguien!

Volvamos a Santiago Ramón y Cajal

Las investigaciones que realizó Santiago sobre las neuronas le permitió a hacer un descubrimiento significativo sobre la importancia de los genios y de las personas aparentemente más ordinarias.

Santiago admitió que no era un genio. Pero entonces, ¿cuál fue su truco? ¿Por qué fue capaz de triunfar y hacer grandes descubrimientos en un campo en el que los genios no habían conseguido nada? Hay tres motivos principales.

El primero es que Santiago mantuvo abiertas todas sus opciones. Su primera pasión fue el arte, y nunca la abandonó. Simplemente añadió algo nuevo en su vida el día en que decidió aprender ciencias. Con el tiempo, la ciencia también se convirtió en su pasión. Y Santiago logró el premio Nobel gracias a haber desarrollado sus capacidades en dos disciplinas muy distintas. No sólo encontró la manera de mantener su preciado arte en su vida, sino que además lo aplicó a su ciencia.[3]

Cuando seas mayor, tienes que intentar ser igual que Santiago. No limites mucho tus opciones. El mundo en el que vivimos es cada vez más complicado. En un futuro necesitamos a personas con intereses y habilidades variados. Aprender en profundidad sobre cualquier tema está muy bien. Pero intenta también ampliar tus pasiones. Si eres más de matemáticas, aprende algo de arte, música y literatura. Y si eres más de arte, música o literatura, ¡aprende un poco de matemáticas y ciencias! No hace falta que te conviertas en una superestrella. El objetivo es que te abras puertas que puedan ayudarte en un futuro. Como ya hemos dicho varias veces, nunca sabes cuándo va a resultarte útil lo que has aprendido.

El segundo motivo es que Santiago fue constante, es decir, no dejó de esforzarse para conseguir lo que quería. Cuando Santiago decidió empezar a aprender matemáticas, comenzó desde cero y, poco a poco, fue avanzando. Aquello fue muy duro, pero

---

3. De Felipe *et al.*, 2014.

se esforzó para seguir adelante. Cuando se le metía en la cabeza que quería averiguar algo, se esforzaba por hacerlo. Con constancia. La constancia es una de las virtudes más necesarias para aprender. Pero recuerda que ser constante no significa trabajar en algo sin descanso. ¡Significa retomar tu trabajo después de cada descanso en modo disperso!

¡El mundo necesita a personas que tengan capacidades en disciplinas muy distintas!

El tercer motivo es que Santiago era flexible. Los estudiantes muy listos pueden llegar a acostumbrarse a tener siempre la razón. Sienta muy bien tener la razón, pero esta sensación puede llegar a ser adictiva.[4] Santiago observó que algunos estudiantes muy inteligentes eran capaces de llegar a una conclusión con mucha rapidez. (Al fin y al cabo, tenían cerebros de carreras). Pero, en cambio, si llegaban a una conclusión equivocada les resultaba muy difícil admitirlo. Podían incluso querer evitar descubrir deliberadamente que estaban equivocados. Les parecía una opción mucho más agradable que tener que admitir que se habían equivocado. Corrían el riesgo de caerse en el surco cognitivo de tener siempre la razón.

Santiago no era un genio, por lo que tuvo que aprender a corregir sus propios errores. Cuando, más tarde, se convirtió en científico, siempre buscó activamente cómo podía determinar si tenía razón o si estaba equivocado. Y aprendió a cambiar de parecer cuando estaba equivocado. Éste fue uno de los principales motivos por los que fue capaz de realizar unos descubrimientos pioneros que lo hicieron merecedor del premio Nobel.

No todos necesitamos o queremos un premio Nobel. Pero sí que podemos extraer lecciones valiosas de la historia de Santiago. Una de las partes más importantes del proceso de aprendizaje es ser capaz de admitir tus errores y ser flexible para cambiar de parecer en consecuencia. Si consigues aprender a hacer eso, tendrás el potencial de contribuir incluso más que algunos de los genios más brillantes.

Si al igual que la mayoría de nosotros no eres un genio, no pasa absolutamente nada, ya que también podrás aportar algo a nuestro mundo. Gracias a las estrategias de este libro podrás abrir nuevas puertas para ti y para los demás, no importa lo listo que seas.

A veces, el camino del aprendizaje puede parecer muy solitario. Pero nunca vas a estar realmente solo. Con el ojo de tu mente siempre podrás vernos a Terry, a Al y a mí andando por tus caminos mentales de ratón junto a ti, animándote a medida que vayas aprendiendo. Nuestro libro presenta el trabajo de los increíbles gigantes de la investigación cuyos descubrimientos pueden ayudarte a vivir una vida feliz y más significativa, llena de alegría y descubrimientos.

---

4. Burton, 2008.

Terry, Al y yo te deseamos toda la suerte del mundo en tu cami-no del aprendizaje. Y recuerda: ¡la señora Suerte favorece a aque-llos que lo intentan!

Soluciones de los ejercicios

Capítulo 1: Alternar entre modos

Capítulo 2: Tómatelo con calma

1. Estar en modo centrado significa que estás prestando mucha atención a algo.
2. El modo disperso es cuando tu mente deambula libremente, sin centrarse en nada en particular. ¡Tú decides cuáles son tus actividades favoritas para activar el modo disperso!
3. Una máquina de *pinball* puede ayudarte a entender cómo funciona tu cerebro. Puedes tener dos tipos diferentes de tableros. En primer lugar, puedes tener una máquina con los topes de goma más juntos. Esta distribución representa tu cerebro cuando está muy concentrado, es decir, en modo centrado. Pero también puedes tener un tablero distinto con los topes más separados. Esto sería la representación del modo difuso, en el que tus

pensamientos pueden deambular mucho más. Si no mantienes tu concentración con las paletas, ¡la pelota de tus pensamientos puede caer por un agujero del tablero del modo centrado y terminar en el del modo disperso!

4. Aquí tienes otras metáforas para explicar qué son el modo centrado y el disperso:[1]

Un partido de fútbol
→ Ser como un árbitro durante un partido es como estar en modo centrado.
→ Ser como un comentarista durante un partido es estar en modo difuso.

Google Maps
→ Hacer zoom es como estar en modo centrado.
→ Sacar zoom es como estar en modo disperso.

Tienes que ir alternando entre hacer y sacar zoom para encontrar el camino.

Un jardín
→ El modo centrado es cuando plantamos y esparcimos las semillas cuidadosamente a finales de invierno.
→ El modo disperso es como la primavera, cuando el jardín florece con sorpresas inesperadas debido al tiempo, a los pájaros y a los insectos.

5. Hay dos motivos por los que puedes quedarte atascado cuando intentas resolver un ejercicio de matemáticas o ciencias. El primero es no haberte centrado lo suficiente en lo más básico antes de empezar a resolver el ejercicio. Si eso ocurre, tienes que volver a repasar el libro o tus notas para lograr que te entren esos conceptos básicos en la cabeza. El segundo es que, a pesar de haber-

---

1. Muchas gracias por las metáforas a los comentarios que dejaron Vikrant Karandikar, Juan Fran Gómez Martín y Dennise Cepeda en el CEMA de *Mindshift*.

te centrado lo suficiente como para aprender lo más básico, no te tomes un descanso cuando te quedas atascado. Tomarte un descanso cuando te quedas atascado te ayudará a entrar en modo disperso y que tu mente vaya pensando en el problema en un segundo plano, mientras no te das cuenta de nada.

6. ¡Tú decides qué hábito de estudio cambiarías!

Capítulo 3: ¡Prometo hacerlo luego!

1. Procrastinar significa demorar o posponer algo que deberías estar haciendo.
2. La procrastinación es mala para el proceso de aprendizaje porque te quedas sin tiempo para aprender como es debido. Y, además, pierdes energía preocupándote por ello. Es una situación en la que sólo puedes perder.
3. Pensar en algo que no te gusta o no quieres hacer activa tu corteza insular. Esto provoca una sensación de dolor. Para librarte de este dolor, puedes centrar tu atención en algo más placentero. El dolor de tu cerebro desaparecerá de inmediato, pero habrás procrastinado.
4. ¡Tú decides cómo lo explicarías!
5. La parte más importante de la técnica Pomodoro es la recompensa.
6. Durante los descansos entre Pomodoros, deberías intentar hacer algo que utilice una parte distinta de tu cerebro. Si estabas escribiendo una redacción, no comiences a escribir en redes sociales. Los mejores descansos son aquellos que implican levantarse y moverse.
7. Si durante un Pomodoro terminas una tarea, genial. Pero el objetivo de la técnica Pomodoro no es simplemente terminar tareas. En realidad consiste en trabajar con ahínco durante veinticinco minutos.
8. El modo zombi nos ahorra mucha energía. Tener que pensar en todas las pequeñas cosas que haces puede llegar a ser un mal uso de tu capacidad cerebral.

9. A pesar de que el modo zombi puede ayudarte a ahorrar energía, también puede hacer que caigas en malos hábitos. Como, por ejemplo, hacer algo más placentero en vez de algo que deberías hacer. En otras palabras, el modo zombi puede hacerte procrastinar.

10. Los comedores de arsénico se acostumbraron a comer arsénico y no se dieron cuenta de que les estaba haciendo daño. De igual manera, podemos acostumbrarnos a procrastinar y no ser conscientes de lo mucho que esto nos perjudica.

11. Recordar activamente significa extraer la información clave de tu propia mente en vez de leerla en el libro o en tus notas. Una manera de practicar recordar activamente consiste en leer una página, apartar la vista e intentar recordar la idea clave de aquella página.

Capítulo 4: Conexiones neuronales y diversión con alienígenas del espacio

1. Las señales que las neuronas mandan a otras neuronas conforman tus pensamientos.

2. ¡Esta pregunta te toca responderla a ti!

3. El axón es el que manda una descarga a la espina dendrítica. En otras palabras, la señal pasa del axón de una neurona a la espina dendrítica de otra.

4. Cuando una metáfora se rompe y ya no sirve, crea una nueva.

5. Los microscopios de principios del siglo XX no eran muy buenos comparados con los que tenemos hoy en día. Los científicos creían que el cerebro era una gran red interconectada porque las neuronas estaban tan cerca unas de otras que no podían ver el pequeño espacio (el espacio sináptico) que hay entre ellas.

6. Una cadena de conexiones neuronales son unas neuronas que se han conectado debido al uso repetido de las conexiones sinápticas. Las conexiones neuronales se crean cuando aprendes ideas nuevas y crecen si las practicas una y otra vez.

7. Los ratones se desplazan por caminos en el bosque, igual que los pensamientos se desplazan por neuronas y sinapsis. Cuantas más veces corra un ratón por el mismo camino, más ancho y marcado será. De igual manera, cuantas más veces pienses un mismo pensamiento, más ancha y marcada será la vía neuronal, y más fuertes serán las conexiones neuronales.

8. Cuando aprendes algo nuevo, estás creando un nuevo conjunto de conexiones/sinapsis/espinas dendríticas en tu cerebro. (Cualquiera de estas respuestas es válida).

Capítulo 6: Aprender mientras duermes

1. Dormir es importante para aprender porque es el momento en que las espinas dendríticas y sus conexionas sinápticas emergen y se hacen más grandes. Además, durante las horas de sueño es cuando la mente practica la información que has estado aprendiendo durante el día. Las señales eléctricas que surgen mientras la mente practica durante el sueño son parte del motivo por el cual las espinas dendríticas y sus conexiones sinápticas crecen tan deprisa.

2. Las espinas dendríticas son como detectores de mentiras porque las nuevas espinas y sus sinapsis sólo crecen si realmente estás centrándote en la nueva información que quieres aprender; ¡detectan cuando no estás realmente centrado!

3. Cuando practicas una nueva idea, la sinapsis implicada se vuelve más fuerte.

4. Cuando espacias el aprendizaje durante un gran número de días, tienes más tiempo para que crezcan las espinas dendríticas y sus conexiones sinápticas. Tu arquitectura neuronal se vuelve más fuerte.

5. ¡Inténtalo!

6. ¡En esta pregunta te toca decidir a ti!

Capítulo 7: Mochilas, taquillas, y tu pulpo de la atención

1. Tu memoria de trabajo se parece a una mochila porque la tienes siempre a mano y porque sólo puedes guardar en ella una cantidad limitada de información.
2. Tu pulpo de la atención (tu memoria de trabajo) vive en tu corteza prefrontal.
3. Normalmente la memoria de trabajo de la mayoría de las personas puede retener hasta cuatro datos informativos. Sin embargo, hay personas que pueden retener más de cuatro datos y otras menos.
4. Tu memoria a largo plazo es como una taquilla porque puede almacenar más información. De hecho, ¡puede almacenar tanta información que a veces resulta difícil encontrar algún dato en particular!
5. Tu memoria a largo plazo está esparcida por distintas zonas de tu cerebro.

Capítulo 8: Trucos geniales para reforzar tu memoria

1. Definitivamente, es posible mejorar y llegar a tener una buena memoria a largo plazo. (De todas formas, en la actualidad no sabemos cómo mejorar la memoria a corto plazo). Para mejorar tu memoria a largo plazo, puedes utilizar los cinco consejos de Nelson Dellis (céntrate, practica, imagina, almacena y recuerda). También puedes imaginar la técnica del palacio de la memoria, canciones, metáforas, tomar notas, enseñar a otros o ponerte a ti mismo en el lugar de lo que estás intentando recordar o comprender.
2. La técnica del palacio de la memoria consiste en imaginarte un lugar que conozcas bien, como, por ejemplo, tu casa, el camino a la escuela, o un mapa de tu ciudad, estado o país. A continuación, tienes que inventarte imágenes memorables sobre los hechos que estás intentando recordar. Luego, debes guardarlas en los lugares familiares que has construido en tu palacio de la me-

moria. Finalmente, sólo queda practicar, es decir, recordar las imágenes y aquello que representan.

3. Podemos almacenar dos tipos de información en nuestra memoria a largo plazo. Los hechos son difíciles de almacenar. Pero, en cambio, las imágenes son fáciles de almacenar.

4. Para lograr recordar una imagen incluso más fácilmente, intenta que sea lo más alocada y memorable posible. Y añádele cierto movimiento. Imaginarte a King Kong bailando el hula sobre un **post**e, puede ayudarte a recordar que la letra «K» es la abreviación de un elemento químico llamado **pot**asio.

Capítulo 9: Por qué las conexiones neuronales son tan importantes

1. Las conexiones neuronales son importantes porque te permiten procesar la información con más rapidez. No dejes que tu pulpo de la atención tenga que hacer todo el esfuerzo.

2. El pulpo de la atención es una metáfora para explicar tu memoria de trabajo y tu capacidad de atención. Sólo tiene cuatro brazos, por lo que solamente es capaz de retener una cantidad limitada de información. Puede alargar sus brazos hasta tu memoria a largo plazo, agarrar la información que necesite y llevarla directamente hasta tu memoria de trabajo.

3. Aprender a vestirse es un buen ejemplo de una red de conexiones neuronales que hayas logrado vincular bien. La primera vez que aprendiste a vestirte solo, seguro que tardaste cinco minutos o más. (¡Ups! ¡La camiseta esta girada y del revés!). Pero ahora que ya has vinculado bien las neuronas sobre cómo vestirte, sólo tardas un minuto.

Es posible que te sepas un ejercicio de álgebra de pe a pa, es decir, que te acuerdas de todos los pasos a seguir. Pero seguro que puedes pensar en otros ejemplos de habilidades, técnicas y conceptos que hayas conseguido vincular en deportes, manualidades, matemáticas, ciencias, baile, idiomas, y muchas otras disciplinas. Incluso la simple habilidad de reconocer la letra «a» es una cadena de conexiones, y reconocer la palabra «gato» es una cadena de conexiones aún más larga.

4. La televisión o cualquier otro ruido de fondo puede distraer a tu pulpo de la atención. Puede que acapare uno o más de sus brazos, por lo que te resultará más difícil poder utilizar el pleno potencial de tu memoria de trabajo.

5. Deberías evitar ir alternando entre distintas tareas porque supone un esfuerzo extra innecesario para tu pulpo de la atención. Por ejemplo, pongamos que tu pulpo está trabajando con una cadena de conexiones neuronales en concreto. Pero, de repente, tiene que soltarla y agarrar otra cadena de conexiones neuronales. Y, al cabo de un rato, tiene que volver a agarrar la primera cadena. ¡Es un proceso agotador!

6. Cuando estés a punto de hacer tus deberes, deberías dejar tu teléfono en algún lugar donde no puedas verlo. Si miras constantemente tu teléfono, lo único que conseguirás será tener que soltar las conexiones neuronales que luego tendrás que volver a agarrar. También podrías hacer nuevos amigos a través de tu teléfono utilizando una aplicación que te ayude a hacer Pomodoros.

7. No, no basta sólo con comprender un concepto para crear una cadena de conexiones neuronales. Debes practicar con ese nuevo concepto para conseguir crear una cadena de conexiones. La comprensión y la práctica van de la mano. Cuanto más practiques, más comprenderás lo que estás aprendiendo.

8. Puedes convertirte en un experto de cualquier disciplina si construyes una biblioteca de conexiones neuronales.

9. Si tuvieran que rescatarme de un edificio en llamas, yo elegiría al bombero que hubiera practicado físicamente cómo rescatar a alguien de un edificio en llamas. Ser bombero es muy peligroso, cada segundo es importante. Los bomberos tienen que ser capaces de reaccionar rápida y adecuadamente al peligro que tienen a su alrededor. Los bomberos necesitan unas cadenas de conexiones neuronales bien robustas a las que poder recurrir incluso estando bajo mucha presión. Este tipo de cadenas de conexiones no se desarrollan tan sólo observando.

Capítulo 11: Cómo tonificar tu cerebro

1. El hipocampo es especialmente importante para ayudarte a recordar hechos y eventos.
2. Tu cerebro se parece a un equipo de baloncesto porque cada año llegan nuevos jugadores mientras que los más antiguos se van. Los nuevos jugadores pueden aprender nuevas jugadas. De forma parecida, en el hipocampo, cada día nacen nuevas neuronas que te ayudan a aprender nuevas jugadas.
3. Cuando tu cerebro produce FNDC, las espinas dendríticas se hacen más altas y anchas.
4. El ejercicio aporta distintos beneficios:

   → **Consigue que tu cerebro produzca FNDC**, una sustancia que ayuda a tus neuronas a crecer, igual que el abono.
   → **Mejora tu capacidad de comprensión, de toma de decisiones y de concentración.**
   → Te ayuda a **alternar entre distintas tareas.**
   → Te ayuda a **recuperarte** de una enfermedad mental.
   → **Produce sustancias que te ayudan a tener nuevas ideas.**

5. Las verduras de la familia de las cebollas y las coles, las frutas de todos los colores, el chocolate negro y los frutos secos son una muy buena opción para seguir una dieta saludable.

Capítulo 12: Crear conexiones neuronales

1. Un rompecabezas es una buena metáfora para explicar la manera en que unimos distintos conceptos, porque cada pieza del puzle es como una cadena de conexiones neuronales. Cuando practicamos con las cadenas de conexiones neuronales, hacemos resaltar los colores de las piezas del rompecabezas. Y cuando conseguimos juntar bastantes piezas (conexiones neuronales), ¡nos convertimos en unos expertos!

2. Intercalar es como barajar de manera aleatoria una baraja de cartas. Es decir, que puede salirte cualquier carta. Si practicas cualquier tema con el método de intercalar, serás capaz de enfrentarte a cualquier cosa que se te ponga por delante. Esto te ayudará a estar mejor preparado para poder responder a las preguntas inesperadas de los exámenes.

3. El aprendizaje perezoso es cuando sólo practicas lo que te resulta más fácil o lo que ya tienes aprendido.

4. ¡Superman diría que nunca voy a progresar mucho con el piano!

5. Los consejos específicos para ayudarnos a aprender matemáticas, ciencias y otras materias abstractas son los siguientes. En primer lugar, encuentra un ejercicio. A continuación, esfuérzate por solucionar este ejercicio por ti mismo todas las veces que haga falta hasta que suene como una canción dentro de tu mente.

Capítulo 13: Plantéate las preguntas importantes

1. Es muy probable que las canciones con letra con el volumen muy alto te distraigan cuando estás estudiando. Pero a algunas personas escuchar música tranquila y sin letra les resulta de ayuda. Hay personas que prefieren escuchar otro tipo de música cuando estudian, mientras que otras se decantan por no escuchar nada en absoluto. Depende de cada uno.

2. Tu pulpo de la atención podría confundirse si normalmente estudias en un sitio pero, en cambio, luego realizas el examen en otro. Pero si estudias en lugares distintos, tu pulpo se acostumbrará a agarrar las conexiones neuronales estés donde estés.

3. Si te convences de que sólo eres capaz de aprender escuchando (alumno auditivo), podrías terminar evitando estudiar con otros sentidos, como, por ejemplo, la vista. Esto podría afectar a todo tu aprendizaje. En realidad, todos aprendemos mejor cuando utilizamos cuantos más sentidos mejor.

4. Podrías visualizar una ecuación. Podrías leer una ecuación en voz alta. De ese modo, podrías escuchar y también sentir los

sonidos al vocalizarlos con tu boca. Podrías extender tus brazos hacia los lados e imaginar que en cada mano tienes uno de los lados de la ecuación. (¿Qué notarías? ¿Estaría equilibrada?). Podrías intentar imaginar que cada símbolo matemático corresponde a una acción física. Por ejemplo, a veces el símbolo de multiplicación es como si estuviera empujando algo. Así que si multiplicaras por un número mayor, ¡estarías empujando más fuerte!

5. Cuando dormimos, nuestras células cerebrales se encogen. Esto permite que los fluidos cerebrales limpien las toxinas del cerebro.

6. «Cómete primero tus ranas» significa que debes intentar hacer primero lo que te resulte más difícil. Así tendrás tiempo de cambiar de tema temporalmente si te quedas atascado y necesitas un impulso creativo del modo disperso.

7. Señala una hora para terminar de estudiar. Esto te ayudará a concentrarte de un modo más eficaz cuando estés estudiando.

Capítulo 14: Sorpresas del proceso del aprendizaje

1. Los videojuegos de acción y espaciales pueden ayudarte a mejorar tu mentalidad. Los videojuegos de acción pueden ayudarte a mejorar tu habilidad de centrarte y tu vista. Los videojuegos espaciales pueden ayudarte a mejorar tu capacidad de rotar objetos con el ojo de tu mente.

2. El aspecto negativo de los videojuegos es que pueden llegar a ser adictivos. Y precisamente por eso deberías jugar con ellos con moderación.

3. La idea principal para tomar buenas notas consiste en identificar los puntos clave de lo que acabas de escuchar para poder repasar y fortalecer tus conexiones neuronales. La mejor manera de hacerlo es escribiendo a mano. Divide una hoja de papel en dos partes para poder tomar tus notas iniciales a un lado y luego escribir notas más breves al otro lado a medida que vayas repasando y recordando activamente los puntos clave.

4. Un «surco cognitivo» es cuando tu mente se ha acostumbrado tanto a recorrer cierta vía mental que se queda atascada en un surco. Tu mentalidad se vuelve menos flexible.

5. Para ser más creativo y mejorar en algo que te apasiona, deberías pasar un poco más de tiempo aprendiendo algo por completo distinto. Esto te ayudará a ser mentalmente más flexible y creativo. Gracias a las metáforas, podrás relacionar las ideas de ambas materias, ¡incluso aunque sean del todo diferentes!

6. La transferencia es la capacidad de tomar una idea que has aprendido en una materia y utilizarla para ayudarte aprender otra materia. Las metáforas pueden ayudarte mucho con este proceso.

7. Tener una mala memoria de trabajo significa que tu pulpo de la atención no tiene tantos brazos, por lo que le resulta difícil retener ideas complicadas en tu mente. Es por eso por lo que tienes que esforzarte para poder vincular algunas de las ideas y poder usarlas. ¡Pero el proceso de vinculación simplifica lo que ya sabes! Esto te permite encontrar soluciones y tener perspectivas más simples y elegantes que a otros se les escapan. Además, algunos pensamientos pueden escurrirse de los brazos de tu pulpo de la atención. Pero cada vez que se escurre un pensamiento, entra otro nuevo. Eso te ayuda a ser más creativo. ¿Vas a tener que esforzarte más que los demás para aprender y conectar nueva información? Desde luego que sí. ¡Pero es un buen intercambio!

8. Hay muchas habilidades y materias que puedes aprender bien tanto si aprendes deprisa como despacio. Por ejemplo, puede que necesites más tiempo para aprender a montar en bicicleta que otra persona, pero aun así acabarás montando bien en bicicleta. Es posible que precises más tiempo para aprender a multiplicar, pero aun así acabarás multiplicando. Puede que tengas que estudiar el doble de tiempo (o más) para memorizar las partes de una planta, pero aun así acabarás memorizando las partes de una planta.

Capítulo 15: Cómo hacer un buen examen

1. ¡El paso más importante para prepararte antes de hacer un examen es asegurarte de pasar una buena noche de descanso!

2. Si utilizas la técnica de empezar por lo más difícil, deberías dejar esa pregunta cuando sientas que estás atascado y comienzas a frustrarte.

3. Si sientes que te entra el pánico antes de un examen, prueba a hacer unas respiraciones profundas desde el abdomen. Intenta también cambiar tu mentalidad de «Este examen me da miedo» a «¡Este examen me motiva a dar lo mejor de mí!».

4. Para detectar las respuestas incorrectas durante un examen, parpadea, desvía tu atención y luego comprueba tus respuestas desde una perspectiva general. Pregúntate: «¿Tiene sentido esta respuesta?». Intenta revisar las preguntas en un orden distinto al que las hayas respondido.

Recursos recomendados

A continuación, queremos compartir contigo una lista de recursos que valen la pena y que podrían aportar una nueva perspectiva sobre muchos de los temas de los que hemos hablado en este libro.

Recursos en línea

→ **Khan Academy.** Este recurso es fantástico. Cuanto más practiques activamente después de ver cada vídeo, ¡mejor! www.khanacademy.org

→ **Smartick.** Con este programa conseguirás construir unos cimientos sólidos en matemáticas gracias a la práctica. Si te cuestan las matemáticas, esta página web te resultará de gran ayuda. Y si las matemáticas te van bien, te ayudará a que te vayan incluso mejor. www.smartick.es

→ **BrainHQ.** Éste es uno de los pocos programas de mejora cognitiva basado en estudios científicos fiables que respaldan sus afirmaciones, sobre todo para los adultos más mayores que quieran mejorar su concentración y su capacidad de centrarse. Si tu abuela o tu abuelo se quejan de que están perdiendo facultades, ¡éste es el programa perfecto para ellos! www.brainhq.com

→ **Frontiers for Young Minds.** Ciencia para niños y editada por niños, una revista científica en abierto escrita por científicos y revisada por una junta de niños y adolescentes. kids.frontiersin.org

→ **El Instituto del Cerebro de Queensland.** Este instituto tiene artículos, *podcasts* y una revista excelentes. qbi.uq.edu.au

→ **BrainFacts.org.** Se trata de una página web maravillosa con todo tipo de información sobre cómo funciona el cerebro. www.brainfacts.org

→ **El sistema nervioso, CrashCourse.** Estos vídeos son divertidos y, a la vez, informativos. www.youtube.com/watch?time_continue=113&v=qPix_X-9t7E

→ **«5 Memory Tips to Get You Started»,** de Nelson Dellis. El tetracampeón de la memoria en Estados Unidos, Nelson Dellis, tiene una maravillosa serie de vídeos con consejos para aprender a memorizar. Éste es un buen vídeo para empezar. www.youtube.com/watch?v=bEx6oe_45-Q *Véase* también el libro de Nelson titulado *Rememeber It!*

→ **«Aprendiendo a aprender: poderosas herramientas mentales con las que podrás dominar temas difíciles»** es un curso en línea masivo y abierto impartido por Barb Oakley y Terrence Sejnowski a través de la Universidad de California, San Diego, Estados Unidos. mooc.es/course/aprendiendo-a-aprender-poderosas-herramientas-mentales-con-las-que-podras-dominar-temas-dificiles-learning-how-to-learn

→ **«Mindshift: transforma tu mente para superar obstáculos en el aprendizaje y descubrir tu potencial oculto»** es un curso en línea masivo y en abierto impartido por Barb Oakley y Terrence Sejnowski a través de la Universidad de California, San Diego, Estados Unidos. mooc.es/course/mindshift-transforma-tu-mente-para-superar-obstaculos-en-el-aprendizaje-y-descubrir-tu-potencial-oculto

Libros para jóvenes sobre el cerebro

→ SEYMOUR, S.: *The Brain: All About Our Nervous System and More!* Harper Collins, Nueva York, 2006, 34 páginas, para niños de 6-10 años. Contiene imágenes a color tomadas con escáneres radiológicos, explicaciones sobre la memoria a largo y corto plazo, las neuronas, las dendritas y mucho más.

→ Winston, R.: *What Goes On in My Head?* DK Pulishing, Nueva York, 2014, 96 páginas, para niños de 9-13 años. Un colorido libro que te ayudará a comprender cómo funciona el cerebro.

→ Wynne, P. J. y Silver, D. M.: *My First Book About the Brain.* Dover Children's Science Books, Nueva York, 2013, 32 páginas. Este premiado libro de colorear es tan informativo que se utiliza incluso en algunas clases. Está recomendado para niños de 8-12 años, pero los adultos también pueden disfrutar del relajante proceso de colorear mientras aprenden.

Los mejores programas basados en neurociencia para las personas con dificultades de aprendizaje

Incluidas las personas a las que les cuesta leer y las personas con dislexia, trastorno del proceso auditivo, trastorno del espectro autista y otras dificultades de aprendizaje generales

→ www.scilearn.com, concretamente sus programas informáticos llamados «Fast For World» y «Reading Assistant».

Programas basados en neurociencia para personas que estén aprendiendo inglés

→ www.scilearn.com, concretamente su programa informático «Reading Assistant». (Tienen muchos programas y centros en todo el mundo).

Libros para adultos sobre el proceso de aprendizaje

→ Brown, B. C., Roedriger III, H. L. y McDaniel, M. A.: *Make It Stick: The Science of Successful Learning.* Harvard Univeristy Press, Cambridge, Massachusetts, 2014. Uno de nuestros libros favoritos para adultos sobre el aprendizaje.

→ DELLIS, N.: *Remember It! The Names of People You Meet, All Your Passwords, Where You Left Your Keys, and Everything Else You Tend to Forget*. Abrams Image, Nueva York, 2018. Uno de los mejores libros para adultos sobre cómo mejorar la capacidad de memorización.

→ ERICSSON, A. y POOL, E.: *Peak: Secrets from the New Science of Expertise*. Eamon Dolan/Houghton Mifflin Harcourt, Nueva York, 2016. (Trad. cast.: *Número uno: secretos para ser el mejor en lo que nos propongamos*. Conecta-Penguin Random House: Barcelona, 2017). En este libro, Anders utiliza el término **«*representación mental*» *como análogo a lo que nosotros*** en este libro hemos llamado «cadena de conexiones neuronales».

→ KHOO, A.: *I Am Gifted, So Are You!* Marshall Cavendish, Singapore, 2014. Nos encanta la historia personal de Adam y los conocimientos prácticos que ofrece.

→ NEWPORT, C.: *Deep Work: Rules for Focused Success in a Distracted World*. Grand Central Publishing, Nueva York, 2016. Muchas veces debemos concentrarnos intensamente para poder aprender, y el libro de Cal contiene grandes ideas para conseguirlo.

→ OAKLEY, B.: *A Mind for Numbers: How to Succeed in Math and Science (Even If You Flunked Algebra)*. Tarcher/Penguin, Nueva York, 2014. (Trad. cast.: *Abre tu mente a los números: Cómo sobresalir en ciencias aunque seas de letras*. RBA: Barcelona, 2018). Aunque resulte un poco extraño que lo digamos nosotros mismos, éste es un muy buen libro sobre el aprendizaje. Contiene muchas de las mismas ideas que encontrarás en *Aprender a aprender,* pero desde una perspectiva adulta que incluye mucha información adicional.

→ OAKLEY, B.: *Mindshift: Break Through Obstacles to Learning and Discover Your Hidden Potential*. Tarcher Perigee, Nueva York, 2017. (Trad. cast.: *Cambiar de mentalidad: Supera los obstáculos para el aprendizaje y descubre tu potencial oculto gracias a la neurociencia*. Ediciones Obelisco: Barcelona, 2018). Este libro explica cómo puedes cambiar a través del aprendizaje, ¡a veces incluso más de lo que hubieras creído posible!

→ WAITZKIN, J.: *The Art of Learning: An Inner Journey to Optimal Performance*. Free Press, Nueva York, 2008. (Trad. cast.: *El arte de aprender: un viaje en busca de la excelencia*. Ediciones Urano: Barcelona, 2007).
→ ZULL, J. E.: *The Art of Changing the Brain: Enriching the Practice of Teaching by Exploring the Biology of Learning*. Stylus Publihing, Sterling, Virginia, 2002.

Créditos de ilustraciones y fotografías

9 Barb Oakley, fotografía de Rachel Oakley, cortesía de Barbara Oakley.

11 Terrence Sejnowski, cortesía del Instituto Salk y Terrence Sejnowski.

12 Alistair McConville, fotografía de Sarah Sheldrake, cortesía de Alistair McConville.

14 Barb Oakley con Earl el cordero, cortesía de Barbara Oakley.

17 Phil Oakley en la Antártida, cortesía de Philip Oakley.

19 Iliriana Baftiu dando un paseo por las imágenes, © 2018 Bafti Baftiu.

22 Magnus Carlsen y Garry Kasparov, imagen cedida por cortesía de la CBS News.

23 IRM del Hospital General Narayana, Jaipur, por George Williams21, commons.wikimedia.org/wiki/File:MRI_Scanner_at_Narayana_Multispeciality_Hospital,_Jaipur.jpg

23 IRM de un cerebro en orientación sagital, de Genesis12~enwiki en la Wikipedia en inglés, commons.wikimedia.org/wiki/File:Sagittal_brain_MRI.jpg

25 Iliriana Baftiu en modo centrado, © 2018 Bafti Baftiu.

25 Iliriana Baftiu en modo disperso, © 2018 Bafti Baftiu.

31 Pirámide de monedas, cortesía del autor.

32 Iliriana Baftiu con apariencia de frustración, © 2018 Bafti Baftiu.

42 Temporizador Pomodoro, Autor: Francesco Cirillo rilasciata a Erato nelle Sottostanti licenze seguirÃ OTRS, en.wikipedia.org/wiki/File:Il_pomodoro.jpg

43 Iliriana Baftiu relajándose, © 2018 Bafti Baftiu.

67 Imagen en dominio público de Douglas Myers, commons.wikimedia.org/wiki/File:EEG_cap.jpg

67 Colgada en la Wikipedia alemana por Der Lange 11/6/2005, creada por sí mismo, commons.wikimedia.org/w/index. php?title=File:Spike-waves.png

71 Santiago Ramón y Cajal en Zaragoza, España (h. 1870), commons.wikimedia.org/wiki/File:Santiago_Ram%C3%B3n_y_ Cajal,_estudiante_de_medicina_en_Zaragoza_1876.jpg

80 Alistair McConville de pequeño, fotografía cortesía de Alistair McConville.

82 Alistair McConville con estudiantes, fotografía de Sarah Sheldrake, cortesía de Alistair McConville.

83 Alistair McConville con Violet, fotografía de Sarah Sheldrake, cortesía de Alistair McConville.

87 Fotografía de Guang Yang, cortesía de Guang Yang y del centro médico de NYU Langone.

88 Imagen tomada con un microscopio invertido de una neurona alterada de la imagen original, cortesía de Guang Yang.

92 Crédito de imagen: modificación del arco del reflejo del tendón rotuliano por Amiya Sarkar (CC BY-SA 4.0); la imagen modificada está bajo la licencia CC BY-SA 4.0 obtenida de www.khanacademy.org/science/biology/behavioral-biology/ animal-behavior/a/innate-behaviors

93 Muro de ladrillo, © 2014 Kevin Mendez

95 Iliriana Baftiu utilizando la técnica de recordar activamente, © 2018 Bafti Baftiu.

105 Rompecabezas de la cara de una persona, © 2014 Kevin Mendez.

112 Fotografía de Nelson Dellis, cortesía de Nelson Dellis.

123 Monos en formación de anillo bencénico, de *Berichteder Durstigen Chemischen Gesellschaft* (1886), pág. 3536.

123 Anillo bencénico convencional modificado de en.wikipedia. org/wiki/File:Benzene-2D-full.svg

124 Tom Morris, en.wikipedia.org/wiki/Rubber_duck_debugging#/media/File:Rubber_duck_assisting_with_debugging. jpg

129 Rachel Oakley aprendiendo a dar marcha atrás con el automóvil, © 2018 Philip Oakley.

137 Rachel dando marcha atrás fácilmente, © 2018 Philip Oakley.

146 Terry con miembros del club de radio, fotografía cortesía de Terrence Sejnowski.

146 Terry y sus compañeros del club ajustando una antena de radio, fotografía cortesía de Terrence Sejnowski.

148 Terry en Princeton, fotografía cortesía de Terrence Sejnowski.

149 Terry actualmente en el Instituto Salk, © 2014 Philip Oakley.

153 Julius Yego, fotografía de Erik van Leeuwen, atribución: Erik van Leeuwen (bron: Wikipedia).— erki.nl, GFDL, commons. wikimedia.org/w/index.php? curid= 42666617.

154 commons.wikimedia.org/wiki/File:Hippocampus_and_seahorse_cropped.JPG

156 Imagen de una «reparación sináptica por FNDC» con el amable permiso de Bai Lu, después de una «reparación sináptica por FNDC como estrategia para modificar las enfermedades en patologías neurodegenerativas», *Nature Reviews Neuroscience* 14, 401-416 (2013).

165 Rompecabezas de un hombre en un Mustang a medio montar, imagen © 2014 Kevin Mendez y Philip Oakley.

165 Rompecabezas de un hombre en un Mustang prácticamente montado, imagen © 2014 Kevin Mendez y Philip Oakley.

166 Rompecabezas de un hombre en un Mustang desdibujado y a medio montar, imagen © 2014 Kevin Mendez y Philip Oakley.

175 Benjamin Franklin, por Joseph Siffred Duplessis, National Portrait Gallery, Institución Smithsonian, regalo de la Fundación Morris y Gwendolyn Cafritz, npg.si.edu/object/npg_NPG.87.43

179 Construcción de conexiones neuronales de papel, ©2018 Zella McNichols.

202 Al disfrutando de un videojuego con su hijo Jacob, fotografía de Sarah Sheldrake, cortesía de Alistair McConville.

209 Elena Benito en un Segway, fotografía cortesía de Elena Benito.

235 Solución de las monedas, imagen cortesía del autor.

Todas las demás ilustraciones han sido realizadas por Oliver Young.

Agradecimientos

Nos gustaría dar las gracias a Joanna Ng, nuestra editora de Penguin. Es una editora extraordinaria, lo que ha beneficiado enormemente este proyecto. Nuestra agente literaria, Rita Rosenkranz, nos ha apoyado y guiado durante todo el proceso. Adam Johnson ha realizado un trabajo espléndido con la cubierta. Sheila Moody ha sido una magnífica correctora, y Sabrina Bowers ha creado una composición excepcional. También queremos dar las gracias a Marlena Brown y Roshe Anderson por su perspicaz apoyo en publicidad y marketing.

Estamos muy agradecidos por la ayuda de todas las personas siguientes. (Rogamos que nos perdonéis si, sin querer, hemos pasado por alto vuestro nombre).

Unas y Ahmed Aamir; Ben, Maureen, Cooper, y Crash Ackerly; Cathi Allen; Arden y Eileen Arabian; Bafti y Iliriana Baftiu; Maliha Balala; John Becker; Robert Bell; Elena Benito; Pamela Bet; Annie Brookman-Byrne; Keith Budge y la Escuela Bedales; Paul Burgmayer y sus alumnos; Christina Buu- Hoan y Kailani y Gavin Buu-Doerr; Meigra y Keira Chin; Romilly Cocking; Ruth Collins; Christine Costa; Massimo Curatella; Andy Dalal; Simon y Nate Dawson; Yoni Dayan; Javier DeFelipe; Pablo Denis; Sudeep Dhillon; Melania Di Napoli; Matthieu Dondey; Catherine Dorgan y su familia; Susan Dreher; Dina Eltareb; Richard Felder; Jessica Finnigan y su familia; Shamim Formoso y sus alumnos; Jeffrey Frankel; Beatrice Golomb; Jane Greiner; Maureen Griffin y sus alumnos; Tarik Guenab; Gary Hafer; Greg Hammons; Paula Hoare; Richard Hypio; Shaju e Isabella Jacob; M. Johnson; Karine Joly y sus hijos Horatio y Valerius; Jonneke Jorissen; Kalyani Kandula; Sahana Katakol; Tanya y Laura Kirsch; Jake Kitzmann; Cristina Koppel; Barbora Kvapilová; Loi Laing; Aune Lillemets; Susan Lucci; Beate Luo; Jennifer y Matthew Mackerras; Genevieve Malcolm; Kyle Marcroft; Anaya, Nafisa, y Mohamed Marei; Max Markarian; David Matten; Susan Maurice y sus alumnos; Jo, Lulu, Ewan, y Jacob McConville; Zella y Jeremiah McNichols; Jim Meador; Jill Meisenheimer; Gerry Montemayor; Mary Murphy; Aleksandra Nekrasova; Patricia Nester; Michael Nussbaum; Philip, Roslyn, y Rachel Oakley; Jennifer Padberg; Saadia Peerzada; Violeta Piasecka; Michael Pichel; Jocelyn Roberts; Revda. Dr. Melissa Rudolph; Dennis Ryan; Leslie Schneider; Grace Sherrill; Julia Shewry; Maya Sirton; Vince Stevenson; Ray Symmes; Jimi Taiwo; Lauren Teixeira; Louise Terry; Barbara Tremblay; Donna y Hannah Trenholm; Bonny Tsai; Bonnie Turnbull; Robert Van Til y la Universidad de Oakland; Vickie Weiss y sus alumnos; Alan Woodruff; Arthur Worsley; Julia Zanutta. Y a Violet (el perro).

Referencias

Queremos proporcionar la referencia completa de algunos de los materiales más importantes del libro. Si deseas más información, consulta la sección de referencias de los otros libros publicados de Barb, *Abre tu mente a los números* (RBA, 2018) y *Cambiar de mentalidad* (Ediciones Obelisco, 2018).

ANACKER, C. y HEN, R.: «Adult Hippocampal neurogenesis and cognitive flexibility linking memory and mood», *Nature Reviews: Neuroscience*, vol. 18, n.° 6, págs. 335-346, 2017.

ANDERSON, M. L.: *After Phrenology: Neural Reuse and the Interactive Brain*. MIT Press, Cambridge, Massachussetts, 2014.

ANGUERA, J. A., *et al.*: «Video game training enhances cognitive control in older adults», *Nature*, vol. 501, n.° 7465, págs. 97-101, 2013.

BADDELEY, A., *et al.*: *Memory*. Psychology Press, Nueva York, 2009.

BAVELIER, D., *et al.*: «Brain plasticity through the life span: Learning to learn and action video games», *Annual Review of Neuroscience*, vol. 35, págs. 391-416, 2012.

BEILOCK, S.: *Choke: What the Secrets of the Brain Reveal about Getting It Right When You Have To*. Free Press, Nueva York, 2010.

BELLUCK, P.: «To really learn, quit studying and take a test», *New York Times*, 20 de enero de 2011. www.nytimes.com/2011/01/21/science/21memory.html

BIRD, C. M., *et al.*: «Consolidation of complex events via reinstatement in posterior ingulate cortex», *Journal of Neuroscience*, vol. 35, n.° 43, págs. 14426-14434, 2015.

BJORK, E. L. y BJORK, R. A.: «Making things hard on yourself, but in a good way: Creating desirable difficulties to enhance learning», capítulo 5 de *Psychology and the Real World: Essays Illustrating Fundamental Contributions to Society*, editado por GERNSBACHER, M. A.; PEW, R. W.; HOUGH L. M., y POMERANTZ, J. R. Worth Publishers, Nueva York, 2011, págs. 59-68.

BROWN, P. C., *et al.*: *Make It Stick: The Science of Successful Learning*. Harvard University Press, Cambridge, Massachusetts, 2014.

BURTON, R.: *On Being Certain: Believing You Are Right Even When You're Not*. St. Martin's Griffin, Nueva York, 2008.

BUTLER, A. C.: «Repeated testing produces superior transfer of learning relative to repeated studying», *Journal of Experimental Psychology: Learning, Memory, and Cognition*, vol. 36, n.° 5, págs. 1118, 2010.

CARPENTER, S. K., *et al.*: «Using spacing to enhance diverse forms of learning: Review of recent research and implications for instruction», *Educational Psychology Review*, vol. 24, n.° 3, págs. 369-378, 2012.

CHRISTOFF, K., *et al.*: «Mind-wandering as spontaneous thought: A dynamic framework», *Nature Reviews Neuroscience*, vol. 17, n.° 11, págs. 718-731, 2016.

COFFIELD, F.: «Learning styles: Unreliable, invalid and impractical and yet still widely used», capítulo 13 de *Bad Education: Debunking Myths in Education*, editado por ADEY, P., y DILLON, J., Open University Press, Berkshire, Reino Unido, 2012, págs. 215-230.

COWAN, N.: «The magical number 4 in short- term memory: A reconsideration of mental storage capacity», *Behavioral and Brain Sciences*, vol. 24, n.° 1, págs. 87-114, 2001.

DECARO, M. S., *et al.*: «When higher working memory capacity hinders insight», *Journal of Experimental Psychology: Learning, Memory and Cognition*, vol. 42, n.° 1, págs. 39-49, 2015.

DEFELIPE, J., *et al.*: «The death of Cajal and the end of scientific romanticism and individualism», *Trends in Neurosciences*, vol. 37, n.° 10, págs. 525-527, 2014.

Dɪ, X. y Bɪswaʟ, B. B.: «Modulatory interactions between the default mode network and task positive networks in resting- state», *Peer Journal*, vol. 2, pág. e367, 2014.

Dʀᴇsʟᴇʀ, M., *et al.*: «Mnemonic training reshapes brain networks to support superior memory», *Neuron*, vol. 93, n.° 5, págs. 1227-1235.e6, 2017.

Dᴜɴʟᴏsᴋʏ, J., *et al.*: «Improving students' learning with effective learning techniques: Promising directions from cognitive and educational psychology», *Psychological Science in the Public Interest*, vol. 14, n.° 1, págs. 4-58, 2013.

Dᴡᴇᴄᴋ, C. S.: *Mindset: The New Psychology of Success*. Random House, Nueva York, 2006. (Trad. Cast.: *Mindset: La actitud del éxito*. Editorial Sirio, 2016).

Eʀɪᴄssᴏɴ, K. A.: «Exceptional memorizers: Made, not born», *Trends in Cognitive Sciences*, vol. 7, n.° 6, págs. 233-235, 2003.

—: «The influence of experience and deliberate practice on the development of superior expert performance», *Cambridge Handbook of Expertise and Expert Performance*, vol. 38, págs. 685-705, 2006.

Eʀɪᴄssᴏɴ, K. A. y Pᴏᴏʟ, R.: *Peak: Secrets from the New Science of Expertise*. Eamon Dolan/Houghton Mifflin Harcourt, Nueva York, 2016. (Trad. cast.: *Número uno: secretos para ser el mejor en lo que nos propongamos*. Conecta-Penguin Random House: Barcelona, 2017).

Fᴇʟᴅᴇʀ, R. M.: «Memo to students who have been disappointed with their test grades», *Chemical Engineering Education*, vol. 33, n.° 2, págs. 136-137, 1999.

Gaʟʟɪsᴛᴇʟ, C. R. y Maᴛzᴇʟ, L. D.: «The neuroscience of learning: Beyond the Hebbian synapse», *Annual Review of Psychology*, vol. 64, n.° 1, págs. 169-200, 2013.

Gᴏʙᴇᴛ, F., *et al.*: «What's in a name? The multiple meanings of 'chunk' and 'chunking'», *Frontiers in Psychology*, vol. 7, pág. 102, 2016.

Gᴜɪᴅa, A., *et al.*: «Functional cerebral reorganization: A signature of expertise? Reexamining Guida, Gobet, Tardieu, and Nicolas' (2012) two- stage framework», *Frontiers in Human Neuroscien-*

ce, vol. 7, doi: 10.3389 / fnhum.2013.00590. eCollection, pág. 590, 2013.

—: «How chunks, long- term working memory and templates offer a cognitive explanation for neuroimaging data on expertise acquisition: A two-stage framework», *Brain and Cognition*, vol. 79, n.° 3, págs. 221-244, 2012.

GUSKEY, T. R.:«Closing achievement gaps: Revisiting Benjamin S. Bloom's 'Learning for Mastery'», *Journal of Advanced Academics*, vol. 19, n.° 1, págs. 8-31, 2007.

HUNT, A., y THOMAS, D.: *The Pragmatic Programmer: From Journeyman to Master*. Addison-Wesley Professional, Reading, Massachusetts, 1999.

KARPICKE, J. D., y BAUERNSCHMIDT, A.: «Spaced retrieval: Absolute spacing enhances learning regardless of relative spacing», *Journal of Experimental Psychology: Learning, Memory, and Cognition*, vol. 37, n.° 5, pág. 1250, 2011.

KARPICKE, J. D., y BLUNT, J. R.: «Retrieval practice produces more learning than elaborative studying with concept mapping», *Science*, vol. 331, n.° 6018, págs. 772-775, 2011.

KIRSCHNER, P. A., *et al.*: «Why minimal guidance during instruction does not work: An analysis of the failure of constructivist, discovery, problem- based, experiential, and inquiry-based teaching», *Educational Psychologist*, vol. 41, n.° 2, págs. 75-86, 2006.

LIN, T-W., y KUO, Y-M.: «Exercise benefits brain function: The monoamine connection», *Brain Sciences*, vol. 3, n.° 1, págs. 39-53, 2013.

LU, B., *et al.*: «BDNF- based synaptic repair as a disease-modifying strategy for neurodegenerative diseases», *Nature Reviews: Neuroscience*, vol. 14, n.° 6, pág. 401, 2013.

LUKSYS, G., y SANDI, C.: «Synaptic mechanisms and cognitive computations underlying stress effects on cognitive function», capítulo 12 en *Synaptic Stress and Pathogenesis of Neuropsychiatric Disorders*, editado por POPOLI, M., DIAMOND,D., y SANACORA, G., Springer, Nueva York, 2014, págs. 203-222.

MAGUIRE, E. A., *et al.*: «Routes to remembering: The brains behind superior memory», *Nature Neuroscience*, vol. 6, n.° 1, pág. 90, 2003.

MOUSSA, M., *et al.*: «Consistency of network modules in resting-state fMRI connectome data», *PLoS ONE*, vol. 7, n.° 8, pág. e44428, 2012.

OAKLEY, B. A.: *A Mind for Numbers: How to Excel in Math and Science.* Tarcher/Penguin, Nueva York, 2014. (Trad. cast.: *Abre tu mente a los números: Cómo sobresalir en ciencias aunque seas de letras.* RBA: Barcelona, 2018).

—: *Mindshift: Break Through Obstacles to Learning and Discover Your Hidden Potential.* Tarcher Perigee, Nueva York, 2017. (Trad. cast.: *Cambiar de mentalidad: Supera los obstáculos para el aprendizaje y descubre tu potencial oculto gracias a la neurociencia.* Ediciones Obelisco: Barcelona, 2018).

PARTNOY, F.: *Wait: The Art and Science of Delay.* Public Affairs, Nueva York, 2012.

PATSTON, L. L., y TIPPETT, L. J.: «The effect of background music on cognitive performance in musicians and nonmusicians», *Music Perception: An Interdisciplinary Journal*, vol. 29, n.° 2, págs. 173-183, 2011.

PHILLIPS, D. C.: «The good, the bad, and the ugly: The many faces of constructivism», *Educational Researcher* vol. 24, n.° 7, págs. 5-12, 1995.

QIN, S., *et al.*: «Hippocampal-neocortical functional reorganization underlies children's cognitive development», *Nature Neuroscience*, vol. 17, págs. 1263-1269, 2014.

RAMÓN y CAJAL, S.: *Recuerdos de Mi Vida.* Editorial Crítica, Barcelona, reimpresión 2014.

RITTLE-JOHNSON, B., *et al.*: «Not a one- way street: Bidirectional relations between procedural and conceptual knowledge of mathematics», *Educational Psychology Review*, vol. 27, n.° 4, págs. 587-597, 2015.

ROEDIGER, H. L., y PYC, M. A.: «Inexpensive techniques to improve education: Applying cognitive psychology to enhance educational practice», *Journal of Applied Research in Memory and Cognition* vol. 1, n.° 4, págs. 242-248, 2012.

Rogowsky, B. A., *et al.*: «Matching learning style to instructional method: Effects on comprehension», *Journal of Educational Psychology*, vol. 107, n.° 1, págs. 64-78, 2015.

Rohrer, D., *et al.*: «The benefit of interleaved mathematics practice is not limited to superficially similar kinds of problems», *Psychonomic Bulletin Review*, págs. 1323-1330, 2014.

Rohrer, D., y Pashler, H.: «Recent research on human learning challenges conventional instructional strategies», *Educational Researcher*, vol. 39, n.° 5, págs. 406-412, 2010.

Rupia, E. J., *et al.*: «Fight- Flight or freeze- hide? Personality and metabolic phenotype mediate physiological defence responses in flatfish», *Journal of Animal Ecology*, vol. 85, n.° 4, págs. 927-937, 2016.

Sapolsky, R. M.: «Stress and the brain: Individual variability and the inverted-U», *Nature Neuroscience*, vol. 18, n.° 10, págs. 1344-1346, 2015.

Schenk, S., *et al.*: «Games people play: How video games improve probabilistic learning», *Behavioural Brain Research*, vol. 335, suplemento C, págs. 208-214, 2017.

Scullin, M. K., *et al.*: «The effects of bedtime writing on difficulty falling asleep: A polysomnographic study comparing to-do lists and completed activity lists», *Journal of Experimental Psychology: General*, vol. 147, n.° 1, pág. 139, 2018.

Settles, B., y Hagiwara, M.: «The best time of day to learn a new language, according to Duolingo data», *Quartz*, 26 de febrero de 2018. qz.com/1215361/the-best-time-of-day-to-learn-a-new-language-according-duolingo-data/

Shenhav, A., *et al.*: «Toward a rational and mechanistic account of mental effort», *Annual Review of Neuroscience*, vol. 40, n.° 1, págs. 99-124, 2017.

Shih, Y-N., *et al.*: «Background music: Effects on attention performance», *Work*, vol. 42, n.° 4, págs. 573-578, 2012.

Smith, A.M., *et al.*: «Retrieval practice protects memory against acute stress», *Science*, vol. 354, n.° 6315, 2016.

SWELLER, J., *et al.*: *Cognitive Load Theory*. Springer, Nueva York, 2011.

SZUHANY, K. L., *et al.*: «A meta-analytic review of the effects of exercise on brain-derived neurotrophic factor», *Journal of Psychiatric Research*, vol. 60, págs. 56-64, 2015.

THOMPSON, W. F., *et al.*: «Fast and loud background music disrupts reading comprehension», *Psychology of Music*, vol. 40, n.° 6, págs. 700-708, 2012.

THURSTON, W. P.: «Mathematical education», *Notices of the American Mathematical Society*, vol. 37, n.° 7, págs. 844-850, 1990.

VAN DER SCHUUR, W. A., *et al.*: «The consequences of media multitasking for youth: A review», *Computers in Human Behavior*, vol. 53, págs. 204-215, 2015.

VAN PRAAG, H.: «Exercise and the brain: Something to chew on», *Trends in Neurosciences*, vol. 32, n.° 5, págs. 283-290, 2009.

VAN PRAAG, H., *et al.*: «Running enhances neurogenesis, learning, and long-term potentiation in mice», *Proceedings of the National Academy of Sciences of the United States of America*, vol. 96, n.° 23, págs. 13427-13431, 1999.

VLACH, H. A. y SANDHOFER, C. M.: «Distributing learning over time: The spacing effect in children's acquisition and generalization of science concepts», *Child Development*, vol. 83, n.° 4, págs. 1137-1144, 2012.

WAITZKIN, J.: *The Art of Learning: An Inner Journey to Optimal Performance*. Free Press, Nueva York, 2008. (Trad. cast.: *El arte de aprender: un viaje en busca de la excelencia*. Ediciones Urano: Barcelona, 2007).

WALKER, M.: *Why We Sleep: Unlocking the Power of Sleep and Dreams*. Scribner, Nueva York, 2017. (Trad. cast.: *Por qué dormimos: la nueva ciencia del sueño*. Capitán Swing, Madrid, 2019).

WHITE, H.A., y SHAH, P.: «Creative style and achievement in adults with attention-deficit/ hyperactivity disorder», *Personality and Individual Differences*, vol. 50, n.° 5, págs. 673-677, 2011.

WILLINGHAM, D.: *Why Don't Students Like School? A Cognitive Scientist Answers Questions About How the Mind Works and*

*What It Means for the Classroom.*Jossey-Bass, San Francisco, California, 2010.

XIE, L., *et al.*: «Sleep drives metabolite clearance from the adult brain», *Science*, vol. 342, n.° 6156, págs. 373-377, 2013.

YANG, G, *et al.*: «Sleep promotes branch-specific formation of dendrític spines after learning», *Science*, vol. 344, n.° 6188, págs. 1173-1178, 2014.

ZULL, J. E.: *The Art of Changing the Brain: Enriching the Practice of Teaching by Exploring the Biology of Learning.* Stylus Publishing, Sterling, Virginia, 2002.a

Índice analítico

Sobre los autores y el ilustrador

 La **Dra. Barbara Oakley** es la autora superventas de *Cambiar de mentalidad* y *Abre tu mente a los números*, libros que han sido traducidos a más de una docena de idiomas. Junto con Terrence Sejnowski creó e imparte clases en el curso en línea masivo y abierto llamado *Aprendiendo a aprender: Poderosas herramientas mentales con las que podrás dominar temas difíciles.* Es el curso en línea masivo y abierto más popular, ya que cuenta con millones de alumnos. Tanto el *New York Times* como el *Wall Street Journal*, entre otros, han publicado un perfil sobre Oakley.

Pronuncia conferencias a corporaciones, a universidades y a un gran número de asociaciones e instituciones. Ha impartido sus interesantes seminarios y sus esclarecedoras charlas sobre cómo aprender y enseñar con eficacia en docenas de países. En calidad de académica distinguida con el galardón Ramón y Cajal de Aprendizaje Digital Global en la Universidad McMaster, ejerce como consultora e imparte talleres por todo el mundo sobre cómo crear materiales efectivos para enseñar en línea.

Oakley también es miembro del Instituto de Ingeniería Eléctrica y Electrónica (IEEE), Profesora Distinguida del Año en la Universidad de Míchigan, y profesora de Ingeniería en la Universidad de Oakland, Rochester, Míchigan, Estados Unidos. Sus investigaciones e intereses la han conducido tanto a explorar la neurociencia como a crear un CEMA. Su principal objetivo es mejorar la educación a nivel mundial gracias a sus conocimientos prácticos basados en estudios neurocientíficos. También ha recibido algunos de los principales galardones para profesores de ingeniería, incluido el premio Chester F Carlson de la Sociedad Americana de la Educación en Ingeniería por su destacada innovación técnica en pedagogía STEM, y el premio Theo L. Pilkington por su trabajo ejemplar en la educación de la bioingeniería. Descubre más sobre Oakley en barbaraoakley.com/

El **Dr. Terrence** (Terry) **Joseph Sejnowski** es investigador en el Instituto Médico Howard Hughes y profesor Francis Crick en el Instituo Salk de Ciencias Biológicas, donde dirige el Laboratorio de Neurobiología Computacional. En 2004, lo nombraron profesor Francis Crick y director del Centro Crick-Jacobs de Biología Teórica y Computacional en el Instituto Salk. Sejnowski es también profesor de Ciencias Biológicas y profesor adjunto en el Departamento de Neurociencias, Psicología, Ciencia Cognitiva, Informática e Ingeniería en la Universidad de California, San Diego, Estados Unidos, donde también es codirector del Instituto de Computación Neuronal.

Sejnowski inventó la máquina de Boltzmann junto con Geoffrey Hinton, y fue pionero en la aplicación de algoritmos de aprendizaje en problemas graves del habla (NETtalk) y de la visión. Su algoritmo infomax para análisis de componentes independientes (ACI) con Tony Bell ha sido adoptado ampliamente para el aprendizaje automatizado, el procesamiento de señales y la minería de datos. En 1989 fundó *Neural Computation*, la revista más destacada sobre redes neuronales y neurociencia computacional, publicada por MIT Press. También es presidente de la Fundación del Sistema de Procesamiento de la Información Neuronal, una organización sin ánimo de lucro que supervisa la conferencia anual del NIPS. Terry forma parte del exclusivo grupo de doce científicos vivos que han sido miembros de las tres academias nacionales de Estados Unidos: ciencia, medicina e ingeniería.

 **Alistair McConville** es el director de Aprendizaje e Innovación de la Escuela Bedales en Hampshire, Inglaterra. Estudió Teología en la Universidad de Cambridge antes de enseñar Filosofía, Religión y Literatura Clásica en varias escuelas privadas de Reino Unido. Le interesa la neurociencia y la educación desde que entró en contacto con el movimiento Mente, Cerebro y Educación en Harvard en 2012. Ha publicado artículos en su revista *Mind, Brain and Education* y escribe sobre cuestiones educativas más generales para el *Times Educational Supplement*. Ha pronunciado un gran número de conferencias educativas por todo Reino Unido.

McConville es inspector de escuelas privadas y director escolar, y forma parte del comité directivo del Centro de Investigación e Innovación del Instituto Eton. Participa activamente en el movimiento Internacional de Escuelas para la Investigación, que trabaja para conectar las investigaciones pedagógicas con la puesta en práctica en las aulas. En la Escuela Bedales, supervisa un plan de estudios único y progresivo. También cría cerdos, abejas, gallinas y tres hijos. Ahora ya tiene un Certificado General de Química de Educación Secundaria (GCSE, por sus siglas en inglés).

Oliver Young es profesor de Diseño y Tecnología en varias escuelas de secundaria de Reino Unido, y trabaja con alumnos de escuelas públicas y privadas. Después de estudiar en la Escuela St Martin de Arte en Londres, Reino Unido, trabajó como ilustrador científico antes de convertirse en profesor. Cosechó varios éxitos en las competiciones escolares de F1 y ha recibido el premio al mejor Modelo de Diseño Asistido por Ordenador del Instituto Londinense de la Ciudad y los Gremios. Young ha aparecido en la competición televisiva Robot Wars con un robot llamado Shellshock, y ha escrito artículos sobre la manufacturación y diseño asistido por ordenador para la revista de la Asociación de Tecnología y Diseño, *Designing*. Es un miembro activo de la Asociación de Torneros y Carpinteros Verdes, y es autor de la novela gráfica *An Amoeba Called Joe*. También es coautor de tres niños, es hincha del Arsenal y toca la guitarra en una banda de rock. Descubre más sobre Oliver en www.oliveryoung.com

Índice